Heidelberger Taschenbücher Band 159

Sammlung Informatik
Herausgegeben von F. L. Bauer und M. Paul

Friedrich L. Bauer
Rupert Gnatz
Ursula Hill

Informatik

Aufgaben und Lösungen

Erster Teil

Mit 54 Abbildungen

Springer-Verlag
Berlin Heidelberg New York 1975

Dr. rer. nat. Dr ès sc. h. c. FRIEDRICH L. BAUER
ord. Professor der Mathematik und Informatik an der Technischen
Universität München

Dipl. Math. Dr. rer. nat. RUPERT GNATZ
Leitender wissenschaftlicher Angestellter im Sonderforschungsbereich 49 an der
Technischen Universität München

Dipl. Math. Dr. rer. nat. URSULA HILL
Akad. Oberrätin an der Technischen Universität München

ISBN-13:978-3-540-07007-8   e-ISBN-13:978-3-642-66005-4
DOI: 10.1007/978-3-642-66005-4

Das Werk ist urheberrechtlich geschützt. Die dadurch begründeten Rechte, insbesondere die der Übersetzung, des Nachdruckes, der Entnahme von Abbildungen, der Funksendung, der Wiedergabe auf photomechanischem oder ähnlichem Wege und der Speicherung in Datenverarbeitungsanlagen bleiben, auch bei nur auszugsweiser Verwertung, vorbehalten. Bei Vervielfältigungen für gewerbliche Zwecke ist gemäß § 54 UrhG eine Vergütung an den Verlag zu zahlen, deren Höhe mit dem Verlag zu vereinbaren ist. © by Springer-Verlag Berlin · Heidelberg 1975.

Library of Congress Cataloging in Publication Data. Bauer, Friedrich Ludwig, 1924 –
Informatik: Aufgaben und Lösungen. (Heidelberger Taschenbücher; Bd. 159: Sammlung Informatik.)
Bibliography: p. Includes index. 1. Programming (Electronic computers). 2. Machine theory.
3. Coding theory. I. Gnatz, Rupert, joint author. II. Hill, U., joint author. III. Title.
QA76.B3188   001.6'42   74-30373

Die Wiedergabe von Gebrauchsnamen, Handelsnamen, Warenbezeichnungen usw. in diesem Werk berechtigt auch ohne besondere Kennzeichnung nicht zu der Annahme, daß solche Namen im Sinne der Warenzeichen- und Markenschutz-Gesetzgebung als frei zu betrachten wären und daher von jedermann benutzt werden dürften. Gesamtherstellung: Zechnersche Buchdruckerei, Speyer.

Vorwort

Die hier vorgelegte Sammlung von Aufgaben und Lösungen ergänzt das Lehrbuch ‚Informatik. Eine einführende Übersicht' von F. L. BAUER und G. GOOS, Heidelberger Taschenbücher Bd. 80, 91. Die Anordnung entspricht kapitelweise der Anordnung im Lehrbuch, die weitere Unterteilung ist hauptsächlich durch didaktische Gesichtspunkte bestimmt. Die Aufgaben sind großenteils an der TU München in Tutorübungen behandelt worden. Sie dienen in der Regel dazu, die in der Vorlesung eingeführten Begriffsstrukturen auszufüllen und zu festigen; dies gilt insbesondere für die Programmierungsaufgaben, bei denen der banale Nebenzweck, die Gewöhnung an eine formale Notation, nicht in den Vordergrund treten soll. Häufig bringen die Aufgaben auch Ergänzungen und Vertiefungen des Stoffes. Im Charakter der Aufgaben haben wir uns bemüht, Abwechslung zu zeigen. Wenig Raum haben wir dabei dem Typ von Aufgaben gegeben, der so fatalerweise an ‚programmiertes Lernen' erinnert: Aufgaben, bei denen man mit Ja oder Nein antworten kann; oder Aufgaben, bei denen etwa von fünf vorgelegten Programmfassungen herauszufinden ist, welche Fassungen, wenn überhaupt, richtig sind. Solche Aufgaben regen den Geist nicht an, von intelligenten Studenten werden sie leicht als Quälerei aufgefaßt. Sie mögen geeignet sein, um im Selbststudium oder im Tutorunterricht mechanisch zu überprüfen, ‚ob man mitkommt', und deshalb ihren Platz haben in einer modernen Didaktik des Massenstudiums. Sie sind unschwer zu konstruieren, und die wenigen Beispiele, die wir bringen, mögen als Anhaltspunkte dienen. Dies gilt übrigens für alle Aufgaben: Sie sollen auch zu abgewandelten und neuen Aufgabenstellungen anregen. Soweit es nur möglich war, versuchten wir deshalb, innerhalb einer Reihe von Aufgaben ‚rote Fäden' sichtbar zu machen, wobei wir allerdings nicht zu hoffen wagten, die meisterliche Beherrschung dieser Kunst, die wir in POLYA-SZEGÖs ‚Aufgaben und Lehrsätze' bewundern, zu erreichen.

Informatik kann man nicht durch Lesen eines Buches erlernen; man muß selbst programmieren, um ihr Wesen ganz zu erfassen. Programmieren wiederum kann man nicht in einer großen Vorlesung lehren: Man kann es in kleinen Gruppen im Unterrichtswechselgespräch lehren, aber wo hat man schon die Verhältnisse, daß der Anfängerjahrgang nur ein Dutzend Köpfe umfaßt. So muß die Lehre vom Programmieren von den Tutoren in den Übungen mit übernommen werden. Dementsprechend wird in BAUER-GOOS nicht eigentlich gelehrt, wie man systematisch programmiert, sondern es werden nur Hilfsmittel dazu entwickelt. Es kam uns nun darauf an, in diesem Aufgabenband der Lehre vom systematischen Programmieren besondere Beachtung zu schenken, umfassender als es in den Beispielen des Abschnitts 2.9 von BAUER-GOOS geschehen konnte. Aus einer großen Anzahl von Aufgaben, die wir in den Übungen an der TU München normalerweise als begleitende Programmieraufgaben stellen, mußten wir allerdings aus Platzgründen eine kleine Anzahl auswählen, wenn wir den systematischen Entstehungsprozeß der Problemlösung durch schrittweise Verfeinerung, also die Methode des strukturierten Programmierens, beispielhaft vorführen und damit zur Nachahmung anbieten wollten. Diese erste Einführung in die Praxis des Programmierens bildet einen Anhang zum zweiten Teil, der im übrigen mit dem zweiten Teil von BAUER-GOOS korrespondiert.

Im Anhang zum vorliegenden ersten Teil finden sich Tabellen für Zweierlogarithmen und Zufallszahlen, die für einige Aufgaben (und auch sonst) nützlich sein könnten.

Aufgaben pflegen sich im Laufe der Zeit zu verändern, und so können wir bei einigen nicht mehr sagen, welchen Mitarbeitern wir sie verdanken. Wir müssen uns deshalb pauschal bedanken bei jüngeren und älteren Kollegen, vor allem bei Herrn Kollegen G. Goos für wichtige Hinweise und kritische Anmerkungen. Ganz besonders sind wir aber zu Dank verpflichtet drei Personen, die an den Arbeiten jahrelang Anteil nahmen und die ebensogut als Mitverfasser genannt werden könnten: Zu allererst Herrn Studiendirektor Dr. R. ZIRNGIBL, der viele Aufgaben mit dem kritischen Auge des Didaktikers überprüfte und verbesserte, sodann Herrn Dr. H. WÖSSNER, der mit so schätzenswerter Gründlichkeit fehlerhaften und irreführenden Formulierungen den Kampf angesagt hat, schließlich Frau Dr. H. VOGG, die auch diesmal die Stütze aller redaktionellen Arbeiten war. Auch allen anderen, die mit Geduld und Mühe um das Buch besorgt waren – die Mitarbeiter des Verlags eingeschlossen –, danken wir sehr.

München, im Frühjahr 1975   F. L. BAUER · R. GNATZ · U. HILL

Inhaltsverzeichnis*

1. Kapitel

Information und Nachricht

Entschlüsselung von Geheimschriften

1.1.1.	Lochstreifen	1	*49*
1.1.2.	Krebs, Caesar, Krebscaesar	1	*49*
1.1.3.	Caesar	2	*49*
1.1.4.	Monoalphabetische Substitution	3	*53*
1.1.5.	Transposition	3	*55*

Codeaufbau

1.2.1.	Systematischer Code	4	*56*
1.2.2.	Lexikographische Ordnung	5	*56*
1.2.3.	Gestörter Code	5	*56*
1.2.4.	Direkte Codierung	5	*57*
1.2.5.	Abgeleitete Binärcodes	5	*57*
1.2.6.	Gewinnung zyklisch einschrittiger Codes	6	*58*
1.2.7.	Kettencode	6	*59*
1.2.8.	Einschrittige Kettencodes	6	*61*
1.2.9.	Fano-Bedingung	6	*62*
1.2.10.	Code-Entschlüsselung	7	*62*
1.2.11.	Dual und Sedezimal	7	*62*
1.2.12.	Stellenschreibweise und Radixschreibweise	7	*63*
1.2.13.	Darstellung negativer Zahlen	8	*64*

* Die kursiv gedruckten Seitenzahlen beziehen sich auf die Lösung der Aufgabe.

Informationstheorie und Codesicherung

1.3.1.	Entropieformel	8	65
1.3.2.	Systematische Codierungsverfahren	9	65
1.3.3.	Paarcodierung	10	66
1.3.4.	Sinnloser Text	11	67
1.3.5.	Tripelcodierung	11	68
1.3.6.	Textergänzung	11	69
1.3.7.	Leuchtfeldanzeige	11	70
1.3.8.	Hamming-Abstand eines Codes	12	72
1.3.9.	Bauer-Code	13	72

Nachrichtenverarbeitung

1.4.1.	Keine Abbildung	13	72
1.4.2.	Projektionsalgorithmus	13	73
1.4.3.	Wirkungsweise des Schiffchens	14	73
1.4.4.	Markov-Addition	14	74

2. Kapitel
Begriffliche Grundlagen der Programmierung

Objekte und Formeln

2.1.1.	Ein Geflecht	15	76
2.1.2.	Punkt auf der Kugel	15	77
2.1.3.	Überflüssige Klammern	15	77
2.1.4.	Ergebnisse von Formeln	15	77
2.1.5.	Namensvergleich	16	77
2.1.6.	Bedingte Boolesche Formeln	16	78
2.1.7.	Polygonzug	17	78
2.1.8.	Indirekte Zuweisungen I	17	79
2.1.9.	Referenzstufen und Zuweisungen	17	79

Einfache Rechenvorschriften

2.2.1.	Dreivoreinszurück	18	80
2.2.2.	Ordnung von fünf Elementen	18	81
2.2.3.	Maximum und Minimum	18	81
2.2.4.	Gedicht	19	81
2.2.5.	Schwerpunktbestimmung	19	82

2.2.6.	Zufällig fünf oder acht	19	82
2.2.7.	Summe	20	83
2.2.8.	Kettenbruch	20	83
2.2.9.	Binomialkoeffizienten	20	84
2.2.10.	Aufruf mit Artanpassung	20	84

Abschnitte und Blöcke

2.3.1.	Produkt und Quotient im Komplexen	21	85
2.3.2.	Schnittgebilde von Kreis und Gerade	21	85
2.3.3.	Fußpunkt des Lotes	21	86
2.3.4.	Zwei Gleichungen mit zwei Unbekannten	21	86
2.3.5.	Nochmals Dreivoreinszurück	22	87
2.3.6.	Inhaltstausch	22	87
2.3.7.	Zufallsweg	22	88
2.3.8.	Logarithmen	22	89
2.3.9.	Zwei lineare Differenzengleichungen	22	90
2.3.10.	Ein Programm mit diversen Rechenvorschriften	23	90
2.3.11.	Indirekte Zuweisungen II	23	91
2.3.12.	Faltung	24	92
2.3.13.	Descartessches Blatt	24	93

Wiederholungsanweisungen

2.4.1.	Eulersche Konstante	24	94
2.4.2.	Doppelsumme	25	95
2.4.3.	Summe von Fakultäten	25	96
2.4.4.	Wurzelziehen	25	96
2.4.5.	Arithmetisch-geometrisches Mittel	25	97
2.4.6.	Berechnung von π	26	98
2.4.7.	Bedingt korrektes Programm	26	99
2.4.8.	Newton	26	100
2.4.9.	Geschachtelte Summen	27	101

Verbunde

2.5.1.	Punkt und Strecke	27	101
2.5.2.	Schachzüge	27	102
2.5.3.	Punkt im Innern eines Dreiecks	28	103
2.5.4.	Verkettung zweier Geflechte	28	104
2.5.5.	Erzeugen eines Zyklus	28	104
2.5.6.	Arithmetische Ausdrücke als Geflecht	29	105
2.5.7.	Ein- und Zweiwegringlisten	29	106

Felder

2.6.1.	Euklidischer Abstand	30	*107*
2.6.2.	Kraftfahrzeugkennzeichen	30	*108*
2.6.3.	Matrizenmultiplikation	30	*108*
2.6.4.	Fibonacci-Zahlen	30	*109*
2.6.5.	Der Größe nach ordnen	31	*110*
2.6.6.	Prüfung auf Wiederholung	31	*110*
2.6.7.	Genealogie	31	*110*
2.6.8.	Wert der Ableitung eines Polynoms	31	*111*

Sprünge

2.7.1.	Entscheidungstabellen	32	*112*
2.7.2.	Wiederholung	34	*115*

3. Kapitel

Maschinenorientierte algorithmische Sprachen

Aufbrechen von Ausdrücken, Wiederholungen und Rechenvorschriften

3.1.1.	Arithmetische Ausdrücke	35	*116*
3.1.2.	Verwendung mehrerer Akkumulatoren	35	*119*
3.1.3.	Optimierungen für arithmetische Ausdrücke	36	*120*
3.1.4.	Präfixform und Postfixform	36	*122*
3.1.5.	Kollaterale Auswertung von Operanden	36	*124*
3.1.6.	Relationen, Boolesche Operationen und bedingte Ausdrücke	37	*124*
3.1.7.	Relationen mit eingeschränktem Befehlsvorrat	37	*126*
3.1.8.	Wiederholungsanweisung	37	*129*
3.1.9.	Wirkungsweise der Wiederholungsanweisung	37	*130*
3.1.10.	Rechenvorschrift mit Parametern	38	*131*

Adressierung

3.2.1.	Speicherabbildungsfunktion	38	*132*
3.2.2.	Kantenlängen, Schrittweiten und reduzierte Anfangsadresse	38	*132*
3.2.3.	Spaltenweise Speicherung eines Feldes	39	*133*
3.2.4.	Lineare Fortschaltung	39	*133*
3.2.5.	Lineare Fortschaltung für geschachtelte Wiederholungsanweisungen	39	*134*
3.2.6.	Adreßbuch	39	*136*
3.2.7.	Namensvariable	40	*137*
3.2.8.	Geflecht; statische Speicherverteilung	41	*138*

4. Kapitel

Schaltnetze und Schaltwerke

Schaltfunktionen und Schaltnetze

4.1.1.	Wechselschalter	42	*140*
4.1.2.	Normalform	42	*141*
4.1.3.	Übertragsbildung	42	*141*
4.1.4.	Auswahlpyramide	43	*142*
4.1.5.	Schaltnetz vereinfachen	43 '	*143*
4.1.6.	Nand-Darstellung	43	*143*
4.1.7.	Nicht-assoziative zweistellige Schaltfunktionen	43	*145*
4.1.8.	Kalmár-Logik	44	*146*
4.1.9.	Bausteine	44	*147*
4.1.10.	Von ‚direkt' nach ‚Gray'	44	*148*
4.1.11.	Von ‚direkt' nach ‚Exzeß-3'	45	*148*
4.1.12.	Multiplikation	45	*150*
4.1.13.	Streu-Codierung	45	*151*

Schaltwerke

4.2.1.	Schaltung des RS-Flipflops	46	*152*
4.2.2.	Übergangsdiagramm des RS-Flipflops	46	*153*
4.2.3.	JK-Flipflop	47	*155*
4.2.4.	Verschiebeschaltwerk	47	*156*
4.2.5.	Möbius-Ringzähler	47	*158*
4.2.6.	Kettencodes der Periode 14	48	*158*
4.2.7.	Ein Mikroprogramm	48	*160*

Tabellen *161*

1. Kapitel

Information und Nachricht

Entschlüsselung von Geheimschriften

1.1.1 Lochstreifen

Der in Abb. 1 gezeigte Lochstreifen ist in Klarschrift zu übersetzen, wobei die Codetabelle von BAUER-GOOS I*, Abb. 25, zu benutzen ist.

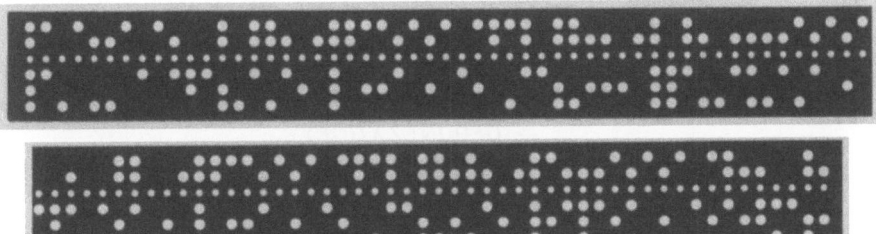

Abb. 1. Lochstreifencodierung

1.1.2 Krebs, Caesar, Krebscaesar

Das Wort *Informatik* wurde auf drei verschiedene Arten verschlüsselt:

        a) *KITAMROFNI*,
        b) *NRKSVQEXNO*,
        c) *IHSZLQNEMH*.

Man gebe die drei Verschlüsselungsvorschriften an.

---

* BAUER, F. L., GOOS, G.: Informatik I, Heidelberger Taschenbücher Bd. 80. Berlin · Heidelberg · New York: Springer 1973.

1.1.3 Caesar

a) Nachfolgender Text

HV ZDU VFLRQ GXQNHO DOV MFL MQ ERQQ DQNDP MFL
CZDQK PMFL PHMQH DQNXQIW QMFLW PMW GHU
DXWRPDWMN DEODXIHQ CX ODVVHQ GMH VMFL MQ
IXHQIMDHLUMKHP XQWHUZHKVVHMQ LHUDXVKHMOGHW
LDW EDLQVWHMKWUHSS UXQWHU EDLQVWHMKWUHSS
UDXI UHMVHWDVFLH DEVWHOOHQ IDLUNDUWH DXV
GHU PDQWHOWDVFLH QHLPHQ UHMVHWDVFLH
DXIQHLPHQ IDLUNDUWH DEKHEHQ CXP CHMWXQKVVWDQG
DEHQGCHMWXQKHQ NDXIHQ QDFL GUDXVVHQ KHLHQ XQG
HMQ WDM LHUDQZMQHQ

ist mittels Häufigkeitsanalyse daraufhin zu überprüfen, ob es sich um eine Caesar-Verschlüsselung handeln könnte, und der Klartext ist gegebenenfalls zu ermitteln.

b) Die Streifenmethode zur Entschlüsselung von Caesar-Texten besteht darin, mittels aneinandergelegter Streifen (Abb. 2) die 26 möglichen Entschlüsselungen mechanisch herzustellen, und die darunter befindlichen „sinnvollen" auszuwählen.

Man wende das Verfahren auf die Texte

XVZIVDHZVU,
GFQQNFZXUQFYE,
KIYIV,
HIMY

an, sowie auf einzelne Worte des Codetextes a).

c) Man überlege, warum die Häufigkeitsanalyse bei der Entschlüsselung des folgenden Caesar-Textes versagt.

VQPO UIKT CBTKT K BN HPKOH UP TIPX ZPV IPX B
CVODI PG CSKHIU ZPVOH GPMLT EKE GKOE B DIBNQKPO
B NBO XKUI CPZT BOE HKSMT PG IKT PXO B NBO PG TP
EPNKOUKOH BOE IBQQZ KOEKWKEVBMKUZ UIBU ZPVUI
KT ESBXO UP IKN BT KT B GMZ UP B TVHBS CPXM

Abb. 2. Alphabetstreifen

1.1.4 Monoalphabetische Substitution

a) Von folgendem Codetext sei bekannt, daß Buchstaben durch Ziffernpaare codiert sind:

52 24 33 44 15 42 43 15 32 15 43 44 15 42 12 15 22 24 33 33 .

b) EDGAR ALLAN POE gibt in der Erzählung „The Gold-Bug" (Tales of Mystery and Imagination, 1845) einen Codetext

53‡‡†305))6*;4826)4‡·)4‡);806*;48†8¶60
))85;1‡(;:‡*8†83(88)5*†;46(;88*96*?;8)*
‡(;485);5*†2:*‡(;4956*2(5*—4)8¶T8*;40
69285);)6†8)4‡‡;1(‡9;48081;8:8‡1;48†85;
4)485†528806*81(‡9;48;(88;4(‡?34;48)4
‡;161;:188;‡?;

Durch Häufigkeitsanalyse ist zu entscheiden, ob es sich um eine einfache buchstabenweise Substitution handeln kann (**monoalphabetische Substitution**). Zur Entschlüsselung ist neben der Buchstabenhäufigkeit (die 9 häufigsten Buchstaben sind, der Reihe nach, im Englischen e t a o n i r s h, im Deutschen e n r i s t d h a) auch das häufige Vorkommen oder Nichtvorkommen gewisser Buchstabenverbindungen („Kontakt") und Buchstabenwiederholungen heranzuziehen.

1.1.5 Transposition

Nachfolgender Codetext

BREÜAPUHSEITTAMHDNENUASZ
MNEMAGNHWSIZHNECAHCNIHCR
UDNTNOFIMTAROBNISNOEESRD
ETUDIHCLNEDIKYRRTLOPGEIO

zeigt zwar die Buchstabenhäufigkeit der deutschen Sprache, ist aber, wie die Streifenmethode sofort ergibt, keine Caesar-Verschlüsselung. Es könnte sich somit um eine einfache Transposition handeln, bei der jeweils Gruppen von k Zeichen nach derselben Art permutiert werden. Man verwende eine mit k Streifen arbeitende Streifenmethode, bei der auf dem i-ten Streifen jeweils der i-te, $(i+k)$-te, $(i+2k)$-te, usw. Buchstabe untereinandersteht, und bei der alle Permutationen der Streifen zu betrachten sind. Wieviele sind es? Man versuche die Methode mit $k=2$, $k=3$ und $k=4$.

Codeaufbau

1.2.1 Systematischer Code

In einem russischen Hotel fand ein Tourist nachfolgendes Verzeichnis der zu den Zimmern (комнат) auf den jeweiligen Stockwerken (этажи) gehörigen Telefonnummern

В ЖИЛЫХ КОМНАТАХ:

№ № комнат	II	III	IY	Y	YI
01	69-33	66-21	67-50	42-30	40-40
02	69-33	66-52	67-51	53-19	03-84
03	50-17	66-20	67-52	42-32	40-42
04	63-09	66-22	67-53	51-17	03-86
05	50-28	66-28	67-35	51-18	03-89
06	50-24	66-50	67-54	51-77	03-92
07	50-26	66-27	67-57	51-78	03-94
08	50-25	66-29	67-36	51-79	04-68
09	69-61	66-54	67-55	53-08	03-95
10	69-59	66-53	67-56	05-77	03-79
11	69-58	66-55	67-75	05-76	04-79
12	69-57	66-56	67-74	49-67	04-81
13	69-56	66-91	67-59	49-75	04-89
14	69-55	66-92	67-58	49-78	04-90
15	69-54	66-90	67-73	49-23	04-91
16	69-32	66-93	67-70	42-33	40-43
17	69-53	66-12	67-71	42-34	40-44
18	69-60	66-95	67-76	49-22	04-92
19	69-52	66-96	67-79	49-16	04-77
20	69-51	66-94	67-78	49-24	04-78
21	69-50	66-98	67-72	45-78	04-78
22	69-30	66-97	67-71	49-66	04-69
23	-	66-23	67-34	42-40	40-32
24	-	66-25	67-37	49-79	03-91
25	-	66-26	67-39	51-07	03-88
26	-	66-24	67-88	42-42	40-83
27	-	66-57	67-33	51-08	03-87
28	-	66-58	67-32	51-09	03-85
29	-	66-59	67-31	42-43	03-57
30	-	66-51	67-30	74-42	40-34

Man bestimme die Gesetzmäßigkeit der Codierung.

1.2.2 Lexikographische Ordnung

Gegeben sei das folgende Alphabet A (kyrillische Großbuchstaben):

$$A<Б<В<Г<Д<Е$$
$$<Ж<З<И<Й<К$$
$$<Л<М<Н<О<П$$
$$<Р<С<Т<У<Ф$$
$$<Х<Ц<Ч<Ш<Щ$$
$$<Ы<Ь<Э<Ю<Я$$

Mit Hilfe dieses Alphabets ordne man die folgenden Wörter wie in einem Lexikon:

ЯБЛОКО, ЖЕНА, ЮРИЙ, ЖИВАГО, КОСЫГИН, БЫТЬ,
ЦВЕТ, ЗАВТРА, БЫВАЮЩИЙ, ПОЭТОМУ, БРЕЖНЕВ,
ХРУЩЕВ, БЫВАЮТ, ЧТО, ПОЭТ

Man beschreibe genau, wann ein Wort s im Lexikon vor einem Wort t liegt (d. h. man gebe eine exakte Definition der lexikographischen Ordnung).

1.2.3 Gestörter Code

Der folgende Text

AAAAAABABAABBBABAAABABBBABAAABAABABABBBAABAA

ist nach BAUER-GOOS I, Abb. 29, codiert, wobei jedoch ein Zeichen unter den Tisch gefallen ist, so daß die Decodierung aus dem Tritt kommt. Man bestimme die Fehlstelle und rekonstruiere den Code.

1.2.4 Direkte Codierung

Man gebe eine umkehrbar eindeutige Abbildung an, die jeder ganzen, nicht-negativen Zahl ein Binärwort zuordnet.

1.2.5 Abgeleitete Binärcodes

Es sei $x = a_1 a_2 \ldots a_n$, $a_i \in \{O, L\}$, ein Binärwort. Als Ableitung $x' = b_1 b_2 \ldots b_n$ bezeichnet man ein Binärwort, dessen Zeichen folgendermaßen entstehen:
Setze $a_0 = O$. Dann

$$b_i = \begin{cases} O & \text{falls } a_i = a_{i-1}, \\ L & \text{sonst.} \end{cases}$$

Die Ableitung stellt also die Folge der Bit-Wechsel dar.

Beachte: Die Worte in der Spalte „Gray" in BAUER-GOOS I, Abb. 30, sind die Ableitung der links von ihnen in der Spalte „direkt" stehenden Worte.

Zeige: Wird ein direkter Code abgeleitet, so entsteht ein einschrittiger Code. Gib eine Vorschrift für die Umkehrung der Ableitung an.

1.2.6 Gewinnung zyklisch einschrittiger Codes

Ein Code für ein Alphabet heißt zyklisch einschrittig, wenn er für das zyklisch geschlossene Alphabet einschrittig ist.

Bestimme einige zyklisch einschrittige 4-Bit-Codes für 10 Zeichen, für 12 Zeichen (Ziffern einer Uhr!) und für 16 Zeichen, ausgehend von BAUER-GOOS I, Abb. 31.

1.2.7 Kettencode

Man codiere die Zahlen 0,1,...,15 mit Hilfe eines Kettencodes der Wortlänge 4.

1.2.8 Einschrittige Kettencodes

20 Bits, angeordnet wie in Abb. 3, werden, wie dort angezeigt, von 5 äquidistanten Leseköpfen abgegriffen. Zeige: Der entstehende 5-Bit-Kettencode von 20 Zeichen ist einschrittig.

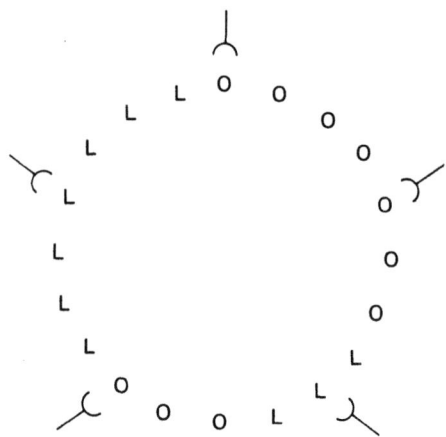

Abb. 3. Abgreifschema für einen einschrittigen Kettencode

1.2.9 Fano-Bedingung

Man gebe einen Code an, der nicht der Fano-Bedingung genügt, für den aber die Fuge eindeutig festgestellt werden kann.

1.2.10 Code-Entschlüsselung

Gegeben sei der folgende Code, der der Fano-Bedingung genügt:

m	O O
u	O L O
r	O L L
e	L O O
i	L O L
n	L L O
x	L L L O
g	L L L L O
a	L L L L L

Man gebe den zugehörigen Codebaum an und entschlüssele den folgenden Text:

OOLLLLLLLLOLOLOOOLOOOLLOOLOOOLOOOLLLOLLOOOLLOLOLLOLLLLO

1.2.11 Dual und Sedezimal

Zur Darstellung der 16 Ziffern eines Zahlsystems zur Basis 16 (Sedezimalsystem) verwende man

0, 1, 2, 3, 4, 5, 6, 7, 8, 9, A, B, C, D, E, F

für die Zahlen Null bis Fünfzehn.
a) Wie überführt man aus dem Dualsystem ins Sedezimalsystem und umgekehrt?
b) Man konvertiere die folgenden Dezimalzahlen ins Sedezimalsystem:

4/5   4711   1/7 .

c) Ist 3AF.2 größer als 3FF.B?
d) Man gebe für π eine dreistellige, korrekt gerundete Sedezimalnäherung.

1.2.12 Stellenschreibweise und Radixschreibweise

Nach DIN 44300 ist **Stellenschreibweise** „eine Darstellungsart für Zahlen, bei welcher der Beitrag jeder Ziffer von ihrer Stelle und ihrem Zahlenwert abhängt". Üblicherweise ergibt sich dieser Beitrag als Produkt des Ziffernwerts mit einer durch die Stelle bestimmten Zahl, dem **Gewicht**, auch **Stellenwert** genannt.

Radixschreibweise ist eine Stellenschreibweise, bei der die Gewichte Potenzen einer Zahl, der **Basis**, sind.
a) Bei welcher der nachfolgenden Darstellungen handelt es sich um eine Radixschreibweise?
 1. Zeitangabe in Tagen, Stunden, Minuten,
 2. Zeitangabe in Stunden, Minuten, Sekunden,
 3. Wertangabe in Pfund, Schilling, Pennies,
 4. Wertangabe in Dollar, Cents.

b) Welche Zahlen lassen sich durch vierstellige Werte mit den Ziffern 0 und 1 darstellen, wenn die Stellenwerte sind
1. 8 4 2 1 ,
2. 15 7 3 1 ,
3. 5 3 2 1 ?

c) Als Gewichte wähle man $\gamma_1 = 1$, $\gamma_2 = 2$ und $\gamma_i = \gamma_{i-1} + \gamma_{i-2}$ – die sogenannte Fibonacci-Folge. Zeige, daß die Darstellung mit den Ziffern 0, 1, bei der nur Worte erlaubt werden, die keine zwei Einsen unmittelbar benachbart haben, eine Abbildung auf die ganzen Zahlen liefert.

1.2.13 Darstellung negativer Zahlen

Bei einer Verarbeitungsbreite von 24 Binärstellen seien negative Zahlen durch echte Komplemente dargestellt.

a) Welches ist die größte darstellbare positive, welches die kleinste darstellbare negative Zahl?
b) Gib eine Dezimaldarstellung für

1. OOOO OOOO OOOO OOOO OOOO LLLL ,
2. LOOO OOOO OOOO OOOO OOOO LLLL ,
3. LLLL LLLL LLLL LLLL LLLL OOOO ,
4. LLLL LLLL LLLL LLLL LLLL OOOL ,
5. LLLL LLLL LLLL LLLL LLLL LLLL ,
6. LOOO OOOO OOOO OOOO OOOO OOOO .

Informationstheorie und Codesicherung

1.3.1 Entropieformel

Die Funktion

$$f(p_1, p_2, \ldots, p_n) = \sum_{i=1}^{n} p_i \,\mathrm{ld}\, \frac{1}{p_i}$$

mit $\sum_{i=1}^{n} p_i = 1$ und $p_i > 0$ ($i = 1, 2, \ldots, n$) hat genau *ein* Maximum.
Man zeige unter Berücksichtigung dieser Tatsache, daß dieses Maximum für

$$p_i = \frac{1}{n} \quad (i = 1, 2, \ldots, n)$$

angenommen wird.

1.3.2 Systematische Codierungsverfahren

SHANNON und FANO einerseits, HUFFMAN andererseits haben systematische Verfahren angegeben, die oft eine optimale Codierung ergeben.

Fano-Verfahren: Man ordne die Zeichen nach aufsteigender Häufigkeit und bilde die Teilsummen $s_i = \sum_{\mu=1}^{i} p_\mu$ ($s_0 = 0$). Die Unterteilung in zwei Mengen wird durch dasjenige s_i gegeben, das am nächsten zu 0.5 liegt.

Jede sich so ergebende Teilmenge wird analog unterteilt, nämlich möglichst nahe am arithmetischen Mittel der beiden Teilsummen an ihrem oberen und unteren Rand.
Beispiel:

Zeichen	p_i	s_i	Unterteilung	Code	
		0.00			
A	0.11		L L	LLL	0.33
		0.11			
B	0.15		L O	LLO	0.45
		0.26			
C	0.20		O	LO	0.40
		0.46			
D	0.24		L	OL	0.48
		0.70	O		
E	0.30		O	OO	0.60
					2.26

(1. Schritt: Am nächsten zu 0.5 ist 0.46.
2. Schritt: Am nächsten zu $0.23 = (0.00 + 0.46)/2$ ist 0.26.
   Am nächsten zu $0.73 = (0.46 + 1.00)/2$ ist 0.70.
3. Schritt: Am nächsten zu $0.13 = (0.00 + 0.26)/2$ ist 0.11.)

Shannon-Verfahren: Man ordne die Zeichen nach aufsteigender Häufigkeit und bilde die Teilsummen $s_i = \sum_{\mu=1}^{i} p_\mu$. Zu jedem p_i bestimme man ein n_i derart, daß $2^{-n_i} \leq p_i < 2 \times 2^{-n_i}$. s_i wird als Dualbruch $0.d_1 d_2 d_3 \ldots$ entwickelt, die ersten n_i Ziffern ergeben das i-te Codewort (mit O für 0, L für 1).
Beispiel:

Zeichen	p_i	s_i	n_i	Dualentwicklung s_{i-1}	Code	
		0.00				
A	0.08		4	0.0001|011...	OOOL	0.32
		0.08				
B	0.12		4	0.0011|001...	OOLL	0.48
		0.20				
C	0.15		3	0.010|1100...	OLO	0.45
		0.35				
D	0.28		2	0.10|10000...	LO	0.56
		0.63				
E	0.37		2	0.11|11111...	LL	0.74
		1.00				2.55

Huffman-Verfahren: Man ordne die Zeichen nach aufsteigender Häufigkeit. Den beiden seltensten wird als letztes Bit O bzw. L zugeordnet, sodann werden sie unter Addition ihrer Einzelhäufigkeit zu einer Klasse zusammengefaßt. Diese wird nach aufsteigender Häufigkeit eingeordnet. Das Verfahren wird wiederholt.
Beispiel:

Zeichen	p_i		Zeichen	p_i		Zeichen	p_i		Zeichen	p_i
A	0.11	}F	C	0.20	}G	F	0.26	}H	G	0.44
B	0.15		D	0.24		E	0.30		H	0.56
C	0.20		F	0.26		G	0.44			
D	0.24		E	0.30						
E	0.30									

Codierung:
A	OOL	0.33
B	LOL	0.45
C	OO	0.40
D	LO	0.48
E	LL	0.60
		2.26

Aufgaben:
a) Zeige: Die mittlere Wortlänge ist bei den Verfahren von FANO und von SHANNON gleich der Summe jener s_k, die an Stellen stehen, wo die Wortlänge zunimmt (einschließlich s_m, also vermehrt um die Stellenzahl für das kürzeste Wort).

b) Zeige: Bei der Konstruktion des Shannon-Verfahrens entstehen keine zwei gleichen Codezeichen, und es ist die Fano-Bedingung erfüllt.

c) Führe für folgendes Beispiel die Codierung nach allen drei Verfahren durch:

Zeichen	p_i
a	0.498
b	0.287
c	0.125
d	0.062
e	0.028

1.3.3 Paarcodierung

Eine Nachrichtenquelle sendet die Zeichen A, B, C mit den Wahrscheinlichkeiten 0.7, 0.2, 0.1 aus.

a) Man bestimme mit Hilfe von Tabelle 1, S. 161, die Entropie der Quelle.

b) Man gebe für die drei Zeichen einen optimalen Binärcode an und bestimme die mittlere Wortlänge.

c) Man codiere sämtliche Zweiergruppen AA, AB, ... mit Hilfe des vorstehenden Codes und errechne die dabei entstehende mittlere Wortlänge.

1.3.7 Leuchtfeldanzeige

d) Man gebe für die neun Zweiergruppen einen optimalen Binärcode an und bestimme die mittlere Wortlänge.

1.3.4 Sinnloser Text

Man stelle einen synthetischen Text her, der die Paarhäufigkeit der Buchstaben der deutschen Sprache berücksichtigt, indem man in einem Buch an beliebiger Stelle mit einem Paar beginnend, jeweils bis zum nächsten Vorkommnis des zweiten Buchstabens des Paares weiterliest und mit dem darauffolgenden Buchstaben ein neues Paar bildet.

1.3.5 Tripelcodierung

Eine Nachrichtenquelle sendet die Zeichen a, b mit den Wahrscheinlichkeiten 0.8, 0.2 aus.

Man bestimme eine optimale Codierung für Tripel und vergleiche die erhaltene mittlere Wortlänge mit der Entropie der Quelle.

1.3.6 Textergänzung

Erfahrungsgemäß können in vielen Sprachen die Vokale ergänzt werden, wenn man nur die Konsonanten kennt. (Im Hebräischen wurden ursprünglich sogar nur die Konsonanten geschrieben, die Bezeichnung der Vokale durch zusätzliche Punkte wurde erst später eingeführt.)

Prüfe, ob folgende Texte eindeutig ergänzbar sind

DLTDNMLSZTHBNTNMWNGSTN ,

FCTSSTRNGRTHNFCTN

Unter der Annahme, daß im Deutschen alle Vokale eindeutig ergänzbar sind, gebe man eine Abschätzung für die Redundanz der deutschen Sprache.

1.3.7 Leuchtfeldanzeige

a) Ein Gerät zur Ziffernanzeige ist aus sieben Leuchtstäben aufgebaut wie in Abb. 4a.

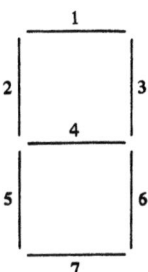

Abb. 4a. Leuchtstab-Anzeigefeld

Es soll L „leuchtet", O „leuchtet nicht" bedeuten. Gib einen 7-Bit-Code für die Darstellung der zehn Ziffern 0,1,2,...,9 an, der einen möglichst großen Hamming-Abstand hat.

b) Ein Gerät zur Ziffernanzeige besteht aus 28 Lampen, die wie in Abb. 4b aufgebaut sind.

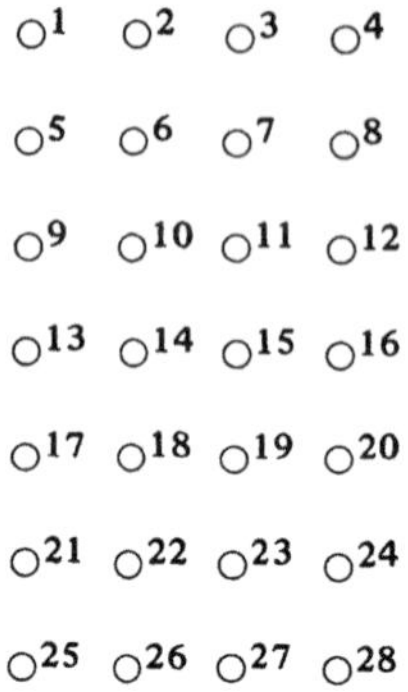

$$O^1 \quad O^2 \quad O^3 \quad O^4$$
$$O^5 \quad O^6 \quad O^7 \quad O^8$$
$$O^9 \quad O^{10} \quad O^{11} \quad O^{12}$$
$$O^{13} \quad O^{14} \quad O^{15} \quad O^{16}$$
$$O^{17} \quad O^{18} \quad O^{19} \quad O^{20}$$
$$O^{21} \quad O^{22} \quad O^{23} \quad O^{24}$$
$$O^{25} \quad O^{26} \quad O^{27} \quad O^{28}$$

Abb. 4b. Lampen-Anzeigefeld

Es soll L „leuchtet", O „leuchtet nicht" bedeuten. Gib einen 28-Bit-Code für die Darstellung der zehn Ziffern 0,1,2,...,9 an, der einen Hamming-Abstand von wenigstens 3 hat.

c) In der Sowjetunion werden neuerdings 6-stellige Postleitzahlen verwendet, für die auf Briefumschlägen sechs Felder vorgezeichnet sind. Man gebe einen geeigneten 9-Bit-Code an!

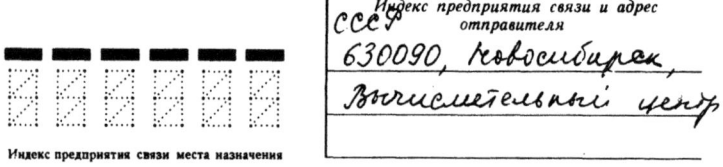

Abb. 5. Schreibschablonen für Postleitzahlen

1.3.8 Hamming-Abstand eines Codes

a) Wie groß ist der Hamming-Abstand der folgenden Worte

LOLLLOOOLLOOLLOL ,
LLOLLLOOOLLOLOLL .

b) Man gebe vier Binärworte der Länge 3 an, die paarweise den Hamming-Abstand 2 haben.

1.3.9 Bauer-Code

Die 2^n Codeworte eines n-Bit-Codes ($n > 1$) werden gegen Störungen gesichert, indem man das Codewort a, wenn es eine gerade Anzahl von L enthält, durch das Codewort aa, andernfalls durch das Codewort $a\bar{a}$ ersetzt, wobei $\bar{a}$ aus a durch Vertauschung von L und O hervorgeht.

Wie groß ist der Hamming-Abstand des so gesicherten Codes in Abhängigkeit von n?

Zeige: Der Code ist ein Gruppencode in dem Sinne, daß die „Summe" zweier Codeworte, durch stellenweise Antivalenz (Addition modulo 2, BAUER-GOOS I, S. 178) gebildet, wieder ein Codewort ist.

Nachrichtenverarbeitung

1.4.1 Keine Abbildung

Man gebe eine Abbildung v und zwei Abbildungen α, α' an, derart, daß die durch das Diagramm

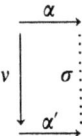

definierte Zuordnung σ keine Abbildung ist.

1.4.2 Projektionsalgorithmus

Gegeben sei ein Zeichenvorrat A und das Zeichen $* \notin A$, sowie die Hilfszeichen $\alpha, \beta, \gamma, \delta, \omega \notin A$. Damit ist über $A \cup \{*\}$ folgender Markov-Algorithmus definiert[1] ($z \in A$).

$\alpha z \rightarrowtail \alpha$	$\delta z \rightarrowtail z \delta$
$\alpha * \rightarrowtail \beta$	$\delta * \rightarrowtail \omega$
$\beta z \rightarrowtail \beta$	$\omega z \rightarrowtail \omega$
$\beta * \rightarrowtail \gamma$	$\omega * \rightarrowtail \omega$
$\gamma z \rightarrowtail \gamma$	$\omega \rightarrowtail .$
$\gamma * \rightarrowtail \delta$	$\rightarrowtail \alpha$ („Startregel")

---

[1] Die „Regel" $a \rightarrowtail b$, wo a und b Worte über dem Gesamtzeichenvorrat sind, soll die Ersetzung des Teilworts a durch das Teilwort b bedeuten. Es ist stets die oberste anwendbare Regel aus der Liste der Regeln zu benutzen, und zwar ist die entsprechende Ersetzung so weit links wie möglich vorzunehmen. Ein Punkt kennzeichnet „Endregeln", nach deren Anwendung der Algorithmus beendet ist.

Man wende den Algorithmus auf das Wort

WER∗ANDERN∗EINE∗GRUBE∗GRÄBT

an. Man beschreibe verbal die Wirkung des Algorithmus.

1.4.3 Wirkungsweise des Schiffchens

Der folgende Markov-Algorithmus werde auf Wörter über dem Zeichenvorrat $A = \{O, L\}$ angewandt. $\alpha, \beta \notin A$ sind Hilfszeichen.

$$\alpha O \rightarrowtail O \alpha$$
$$\alpha L \rightarrowtail L \beta$$
$$\beta O \rightarrowtail L \alpha$$
$$\beta L \rightarrowtail O \beta$$
$$\alpha \rightarrowtail .$$
$$\beta \rightarrowtail .$$
$$\rightarrowtail \alpha \quad \text{(,,Startregel'')}$$

Man beschreibe verbal die Wirkung des Algorithmus.

1.4.4 Markov-Addition

Man gebe je einen Markov-Algorithmus an für die Addition zweier natürlicher Zahlen, die dargestellt seien

a) als „Strichzahlen" über dem Zeichenvorrat $\{|\}$:

$$n \mapsto \underbrace{||\ldots|}_{n+1} \in \{|\}^*$$

b) als Dualzahlen über dem Zeichenvorrat $\{O, L\}$.

Die beiden darstellenden Worte sollen jeweils nebeneinandergestellt und durch das Zeichen + verbunden sein.

2. Kapitel

Begriffliche Grundlagen der Programmierung

Objekte und Formeln

2.1.1 Ein Geflecht

Ausgehend von der Situation

ref int $k =$ **loc int** $:= 123$
ref int $j = k$

(vgl.: BAUER-GOOS I, Abb. 50b) betrachte man folgende initialisierte Gleichheitsvereinbarungen:

ref ref int $aa =$ **loc ref int** $:= j$
und **ref ref int** $bb =$ **loc ref int** $:= k$.

Man skizziere das Geflecht, das hierdurch entsteht.

2.1.2 Punkt auf der Kugel

Man gebe eine Formel an, die für einen Punkt $P(x, y, z)$ als erarbeitetes Ergebnis **true** liefert, wenn P auf der Kugel um $Q(a, b, c)$ mit Radius r liegt, ansonsten das Ergebnis **false**.

2.1.3 Überflüssige Klammern

Man beseitige in der folgenden Formel die überflüssigen Klammern. (Dabei soll die Reihenfolge der Operanden und Operationen beibehalten werden.)

$$(\textbf{not}((\textbf{odd}(22+(1))) \vee ((\textbf{abs}(\textbf{conj}((3-7)\,\textbf{i}\,(2\times 5))))$$
$$\geq ((\textbf{abs}(3\textbf{i}((5/2)\times 8))) \times (\textbf{sign}(-12)))))) \quad.$$

2.1.4 Ergebnisse von Formeln

Man überprüfe, ob a) bis e) einwandfreie Formeln sind und bestimme ggf. deren Ergebnis.

a) **abs bin** (5+7) ,
b) **abs** (**bin** 5 ∨ **bin** 7) ,
c) **abs** (**bin** 5+7) ,
d) 3+42×7+4≤**abs odd im** (**im**(3i4) **i abs** (3i4)) ,
e) **not** (**abs** (3i0.1−2)> **im** (3i−2×2i0.001+0i1/1i1))
   or im (0i1/1i1−2i0.001×3i−2)≥**abs** (2−3i0.1) .

2.1.5 Namensvergleich

In der Situation

        ref int i = **loc int** := 5
        ref int j = **loc int** := 5
        ref int $k = i$
        int $l = 5$

betrachte man die Formeln

    a) $i := : j$,
    b) $i = j$,
    c) $i := : k$,
    d) $i = k$,
    e) $i = l$.

Welche Ergebnisse liefern sie?

2.1.6 Bedingte Boolesche Formeln

Gegeben seien mit a und b bezeichnete Objekte der Art **bool**. Durch die folgenden Formeln werden zweistellige Operationen ρ_a, ρ_b, ρ_c und ρ_d erklärt, die Ergebnisse der Art **bool** liefern.

a) **if** a **then** b **else false fi** ,
b) **if** a **then true else** b **fi** ,
c) **if not** b **then not** a **else true fi** ,
d) **if**
    if not b **then not** a **else true fi**
  then
    if not a **then not** b **else true fi**
  else false fi .

Man gebe in einer übersichtlichen Tabelle für die möglichen Werte von a und b als Operanden die Ergebnisse der genannten Operationen an.

2.1.7 Polygonzug

Durch die komplexen Zahlen

$$z_0, z_1, z_2, z_3, z_4, z_5 = z_0$$

ist in der Gaußschen Zahlenebene das geschlossene Polygon $z_0 z_1 z_2 z_3 z_4 z_5$ gegeben. Man bestimme eine Formel, die jedem $t \in (0,1]$ genau einen Punkt des Polygons zuordnet, allen andern reellen Werten t den Punkt z_0. Dabei sollen den Werten $t_l = l/5$ ($l = 1, \ldots, 5$) die Punkte z_l zugeordnet werden; zu $t_0 = 0$ gehört der Punkt z_0. Die Intervalle zwischen t_{l-1} und t_l gehen so in die Strecken $z_{l-1} z_l$ über, daß aus gleichen Teilintervallen stets gleiche Teilstrecken werden.

2.1.8 Indirekte Zuweisungen I

Ausgehend von der Situation

>**ref int** i = **loc int** := 2
>**ref int** j = i
>**ref ref int** kk = **loc ref int**

seien nacheinander die folgenden Zuweisungen vorgenommen:

>$j := j - 1$;
>$kk := i$;
>**cont** kk := **if** $i \leq j$ **then** $kk + 13$ **else** 0 **fi** .

In der sich ergebenden Situation werden folgende Behauptungen aufgestellt. Man überprüfe diese und begründe, warum sie entweder richtig oder falsch sind:

a) Der Vergleich $i \leq j$ liefert den Wert **false** .
b) i hat den Inhalt 0 .
c) i hat den Inhalt 15 .
d) i hat den Inhalt 14 .
e) j hat den Inhalt 1 .
f) j hat den Inhalt 14 .

2.1.9 Referenzstufen und Zuweisungen

Man untersuche auf Korrektheit

a) die initialisierte Gleichheitsvereinbarung
   ref ref int xx = **loc ref int** := 13 ,
b) ausgehend von der Situation
   ref ref int ii = **loc ref int**
   int i = 276
   int j = 314
   die Zuweisung
   ii := **if** $i < 0$ **then** i **else** j **fi** ,

c) ausgehend von der Situation
   ref ref real $zz =$ **loc ref real**
   ref real $x =$ **loc real** $:= 12.1$
   die Zuweisung
   $zz := $ **if** $x \leq 0$ **then** x **else** $-x$ **fi** ,

d) ausgehend von der Situation
   ref ref real $zz =$ **loc ref real** $:=$ **loc real** $:= -1.0005$
   die Zuweisung
   cont $zz := $ **if** $zz < 0$ **then** zz **else** $-zz$ **fi** ,

e) ausgehend von der Situation
   ref real $z =$ **loc real** $:= 1.1$
   die Zuweisung
   cont $z := $ **if** $z > 0$ **then** z **else** $-z$ **fi** ,

f) ausgehend von der Situation
   real $y = 4.99$
   ref real $x =$ **loc real** $:= 0.17$
   die Zuweisung
   $y := (x + y) \times (x - y)$.

Einfache Rechenvorschriften

2.2.1 Dreivoreinszurück

a) Man gebe eine Rechenvorschrift an, deren Ergebnis der um 3 erhöhte Wert von i ist, falls i ungerade ist, andernfalls der um 1 erniedrigte Wert von i.

b) Man gebe die Gleichheitsvereinbarung zur Einführung der frei gewählten Bezeichnung *dreivoreinszurück* für die unter a) genannte Rechenvorschrift an.

2.2.2 Ordnung von fünf Elementen

a, b, c, d, e bezeichnen Objekte der Art **string**.

a) Man formuliere eine Rechenvorschrift, die das Ergebnis **true** liefert, wenn diese Objekte in der obigen Reihenfolge lexikographisch geordnet sind, und sonst das Ergebnis **false**.

b) Man formuliere eine Rechenvorschrift zur Bestimmung der Anzahl der Fälle, in denen die lexikographische Ordnung verletzt ist.

2.2.3 Maximum und Minimum

Die beiden Rechenvorschriften

    proc (**int**, **int**) **int** $max = ($**int** x, **int** $y)$ **int**:
        if $x \geq y$ **then** x **else** y **fi** ;
    proc (**int**, **int**) **int** $min = ($**int** x, **int** $y)$ **int**:
        if $x \geq y$ **then** y **else** x **fi** ;

werden in der nachfolgenden Weise aufgerufen. Welches Ergebnis liefern die einzelnen Aufrufe?

a) *max (min* (3,5), *min* (2,6)) ,
b) *min (max* (3,5), *max* (2,6)) ,
c) *max (max* (3,5), *max* (2,6)) ,
d) *min (min* (3,5), *min* (2,6)) .

2.2.4 Gedicht

Man gebe eine Rechenvorschrift *gedicht* mit drei Parametern an, die zu drei beliebigen Objekten der Art **string** in folgender Weise ein „Gedicht" liefert:
Das Gedicht bestehe aus allen sechs Permutationen dieser Objekte, getrennt durch Kommata und ergänzt durch Zwischenräume an geeigneten Stellen.
Welches Ergebnis liefert der Aufruf

gedicht („*nicht ⌴jeder ⌴blick*", „*ist*", „*nah*") ?

2.2.5 Schwerpunktbestimmung

M_1, M_2, M_3, M_4 seien Massenpunkte, deren Orte in der Ebene mittels der (voneinander verschiedenen) komplexen Zahlen z_1, z_2, z_3, z_4 gegeben sind und deren Massen m_1, m_2, m_3, m_4 durch eine reellwertige Belegungsfunktion $g(z)$ des Ortes z in der Weise festliegen, daß gilt

$$m_i = g(z_i) \quad \text{für} \quad i = 1, 2, 3, 4 .$$

Die Lage des Schwerpunktes S der genannten Massenpunkte erhält man zu

$$z_s = \frac{\sum\limits_{i=1}^{4} m_i z_i}{\sum\limits_{i=1}^{4} m_i} .$$

Man formuliere eine Rechenvorschrift, mit der man die Lage von S für vorgegebene Belegungsfunktionen g bestimmen kann.

Man formuliere einen Aufruf dieser Rechenvorschrift, wobei als Belegungsfunktion $g(z)$ der Betrag des Realteils von z genommen wird.

2.2.6 Zufällig fünf oder acht

a) Man schreibe eine Rechenvorschrift, die mit der Wahrscheinlichkeit 0.3 bzw. 0.7 die Zahlwerte 5 bzw. 8 liefert.

b) Mit welcher Wahrscheinlichkeitsdichte liefert der Ausdruck $(random + 1) \uparrow 2$ den Wert ξ? Welcher Wertebereich liegt vor?

2.2.7 Summe

Man formuliere eine Rechenvorschrift, welche

$$\sum_{i=1}^{n} (2i+1)^{-4}$$

berechnet. Die Rechenvorschrift soll durch einfaches Umsetzen der rekursiven Definition der Summe

$$\sum_{i=1}^{n} a_i = \begin{cases} 0 & \text{falls } n<1, \\ a_n + \sum_{i=1}^{n-1} a_i & \text{sonst} \end{cases}$$

gewonnen werden.

2.2.8 Kettenbruch

Gegeben sei eine positive ganze Zahl b. Man formuliere eine Rechenvorschrift, die den n-gliedrigen Kettenbruch[1]

$$b + \frac{1\rfloor}{\lceil b} + \frac{1\rfloor}{\lceil b} + \frac{1\rfloor}{\lceil b} + \cdots + \frac{1\rfloor}{\lceil b}$$

berechnet. Dazu gebe man eine Rekursionsformel an, nach der man den n-gliedrigen Kettenbruch aus dem $(n-1)$-gliedrigen berechnen kann.

2.2.9 Binomialkoeffizienten

Man gebe eine Rechenvorschrift an, die die Binomialkoeffizienten $\binom{i}{j}$ bestimmt. Man verwende dabei das Additionstheorem für Binomialkoeffizienten:

$$\binom{i}{j} = \binom{i-1}{j-1} + \binom{i-1}{j},$$

wobei $0 \leq j \leq i$ gelten soll.

2.2.10 Aufruf mit Artanpassung

Man prüfe, ob in der Situation

ref ref real $zz =$ **loc ref real**

mit der durch

ref proc ref real $p =$ **loc proc ref real** $:=$ (**ref real**: zz)

---

[1] Zur Schreibweise: PERRON, O.: Die Lehre von den Kettenbrüchen. Bd. 1 und Bd. 2, 3. Aufl., Stuttgart: 1954 und 1957.

eingeführten Prozedurvariablen die Zuweisungen

und sodann

$$\text{cont } zz := 1.5$$

$$\text{cont } zz := \text{if } p < 0 \text{ then } p + 1 \text{ else } -zz \text{ fi}$$

korrekt sind.

Abschnitte und Blöcke

2.3.1 Produkt und Quotient im Komplexen

Gegeben seien die beiden komplexen Zahlen a, b. Man gebe zwei Rechenvorschriften an, die Produkt und Quotient von a und b berechnen. Dabei wird unterstellt, daß die vier Grundrechenoperationen nur für reelle Zahlen erklärt seien.

2.3.2 Schnittgebilde von Kreis und Gerade

a und b mit $a^2 + b^2 > 0$, sowie u, v, r und c seien reelle Zahlen. Man gebe eine Rechenvorschrift an, die ermittelt, ob für einen Kreis und eine Gerade, die in der (xy)-Ebene durch die Gleichungen $(x-u)^2 + (y-v)^2 = r^2$ und $ax + by + c = 0$ definiert sind,

	zwei reelle Schnittpunkte
oder	ein (reeller) Berührungspunkt
oder	kein gemeinsamer reeller Punkt

existieren.

2.3.3 Fußpunkt des Lotes

Durch drei komplexe Zahlen z_1, z_2 und z_3 werden drei Punkte Z_1, Z_2 und Z_3 der GAUSSschen Zahlenebene bestimmt und umgekehrt.

Auf die durch Z_1 und Z_2 ($Z_1 \ne Z_2$) gehende Gerade g wird das Lot durch Z_3 gefällt. Man gebe eine Rechenvorschrift an, welche die zum Fußpunkt F des Lotes gehörende komplexe Zahl in Abhängigkeit von z_1, z_2 und z_3 ermittelt.

2.3.4 Zwei Gleichungen mit zwei Unbekannten

Gegeben sei ein lineares Gleichungssystem mit zwei Gleichungen und zwei Unbekannten:

$$a_1 x + b_1 y + c_1 = 0,$$
$$a_2 x + b_2 y + c_2 = 0.$$

Man formuliere eine Rechenvorschrift, die, falls das System genau eine Lösung hat, das Ergebnis **true** und die Lösung des Gleichungssystems liefert, ansonsten das Ergebnis **false**.

2.3.5 Nochmals Dreivoreinszurück

Man gebe eine Prozedur an, die den Inhalt der ganzzahligen Variablen i um 3 erhöht, falls i ungerade ist, und andernfalls den Inhalt von i um 1 erniedrigt (vgl. Aufgabe *Dreivoreinszurück*).

2.3.6 Inhaltstausch

Man gebe eine Prozedur an, die die Inhalte der ganzzahligen Variablen x und y austauscht
a) unter Zulassung kollateraler Zuweisung.
b) in streng sequentieller Durchführung.

2.3.7 Zufallsweg

Man schreibe eine Rechenvorschrift, die jeweils mit der Wahrscheinlichkeit $\frac{1}{4}$ eine der Zuweisungen

$$i:=i+1, \quad j:=j+1, \quad i:=i-1, \quad j:=j-1$$

durchführt.
Mittels der Tabelle von Zufallszahlen auf S. 163 bestimme man durch wiederholtes Aufrufen der Rechenvorschrift einen „Zufallsweg" in der ij-Ebene.

2.3.8 Logarithmen

Man formuliere ein Programm, das für eine vom Eingabemedium einzulesende positive reelle Zahl den natürlichen Logarithmus und die Logarithmen zur Basis 2 und 10 berechnet und ausgibt.

2.3.9 Zwei lineare Differenzengleichungen

Durch

(*) $$X_{n+2} + A_1 X_{n+1} + A_2 X_n = B_n \quad n = 0, 1, 2, \ldots$$

ist ein inhomogenes System zweier linearer Differenzengleichungen zweiter Ordnung mit konstanten Koeffizienten gegeben. Dabei bedeutet

$$X_i = \begin{pmatrix} \xi(i) \\ \eta(i) \end{pmatrix}, \quad B_i = \begin{pmatrix} \rho(i) \\ \sigma(i) \end{pmatrix},$$

wobei ξ, η, ρ und σ komplexwertige Funktionen mit ganzzahligen Argumenten sind, und

$$A_K = \begin{pmatrix} a_{11}^K & a_{12}^K \\ a_{21}^K & a_{22}^K \end{pmatrix} \quad K = 1, 2,$$

wobei die a_{ij}^K komplexe Zahlen sind. Sind A_1, A_2, B_n und die Anfangswerte X_0 und X_1 gegeben, dann sind durch (*) die Funktionen ξ und η für nichtnegative ganzzahlige

Argumente eindeutig bestimmt. Man gebe in einem Abschnitt zwei Rechenvorschriften an, welche die Werte von ξ bzw. η für eine ganze Zahl $n \geq 0$ berechnen.

2.3.10 Ein Programm mit diversen Rechenvorschriften

Gegeben sei folgendes Programm:

⌈ **ref proc** (**ref proc** (**int**) **int**, **int**) **int** $P =$
  loc proc (**ref proc** (**int**) **int**, **int**) **int** ;

ref proc (**int**) **int** $Q = $ **loc proc** (**int**) **int** ;

ref proc (**int**) **int** $M = $ **loc proc** (**int**) **int** ;

proc (**ref int**) **ref proc** (**int**) **int** $R =$
  (**ref int** z) **ref proc** (**int**) **int**:
    if odd z **then** $z := z+1 ; Q$
         else $z := z-1 ; M$ **fi** ;

int s, t ;

$P := $ (**ref proc** (**int**) **int** f, **int** x) **int**:
  if $x > 0$ **then** $f(x)$ **else** $-f(-x)$ **fi** ;
$Q := $ (**int** y) **int** : $(1+y)\uparrow 2$;
$M := Q$;
$s \;\; := P(Q, 0)$;
$t \;\; := P(M, s)$;
$t \;\; := P(R(s), R(t)(t))$;
$R(t) := $ (**int** a) **int** : $2 + a$;
$R(t) := $ (**int** b) **int** : $Q(b) \times b$;
$t \;\; := P(R(s), R(t)(t))$ ⌋

Man stelle fest, welche Zuweisungen der Reihe nach an $P, Q, M, s, t, t, R(t), R(t)$ und t erfolgen.

2.3.11 Indirekte Zuweisungen II

Man stelle fest, welche Ergebnisse die Aufrufe *ind*(0), *ind*(999) und *ind*(1000) der nachfolgenden Rechenvorschrift *ind* liefern.

proc (**int**) **int** *ind* = (**int** w) **int**:

⌈ **ref ref ref int** *iii* = **loc ref ref int** ;
  ref ref int *ii* = **loc ref int** ;
  ref int $i = $ **loc int** ;
  ref ref int *kk* = **loc ref int** ;
  ref int $k = $ **loc int** ;
  ref int $j = i$;

```
k := w;
iii := ii;
ii := i;
kk := ii;
cont kk := k;
if w ≠ 0
then if i < 1000 then cont kk := iii + i fi
else cont kk := 0 fi;
j                                              ⌋
```

2.3.12 Faltung

Über der Menge F der auf dem halboffenen Intervall $[0,\infty)$ stetigen, reellwertigen Funktionen werde in folgender Weise eine Verknüpfung V erklärt:
Sind f und g Funktionen aus F, dann liefert

$$l(x) = V(f(x), g(x)) = \int_0^x f(t) \times g(x-t) dt$$

wieder eine Funktion aus F. l heißt *Faltung* von f und g. Man gebe eine Rechenvorschrift an, die die Werte dieser Funktion l liefert. Dabei verwende man für die Integration die folgende Näherung

$$\int_a^b K(t) dt \approx \frac{3h}{8}(K(a) + 3K(a+h) + 3K(b-h) + K(b))$$

$$\text{mit} \quad h = \frac{b-a}{3}.$$

2.3.13 Descartessches Blatt

Als Descartessches Blatt wird die Kurve

$$x^3 + y^3 = axy \quad (\text{für } a > 0)$$

bezeichnet. Es soll eine Rechenvorschrift angegeben werden, die Kurvenpunkte (x,y) als Funktion eines geeigneten Parameters t ergibt.

Wiederholungsanweisungen

2.4.1 Eulersche Konstante

Die Folge der reellen Zahlen

$$c_n = \sum_{i=1}^n \frac{1}{i} - \ln n \quad (n = 1, 2, 3, \ldots)$$

konvergiert gegen eine reelle Zahl C. C heißt Eulersche Konstante. Man formuliere eine Prozedur, die die Zahlen c_n ($1 \le n \le nmax$) ausgibt.

2.4.2 Doppelsumme

Man formuliere eine Rechenvorschrift zur Berechnung der Doppelsumme

$$\sum_{i=2}^{5} \sum_{j=1}^{i} (i+j)^2.$$

2.4.3 Summe von Fakultäten

Man gebe eine Rechenvorschrift an, die den Wert der Formel

$$s(n) = \sum_{i=1}^{n} i!$$

berechnet. Man führe dabei die Multiplikation auf die Addition zurück.

2.4.4 Wurzelziehen

Beim schulmäßigen Ziehen der Quadratwurzel aus der (positiven) Zahl n benötigt man die größte Quadratzahl k^2, die n nicht übersteigt, so daß also

$$k^2 \le n$$

und

$$(k+1)^2 > n$$

gilt.
Nun ist die Summe der ersten k ungeraden Zahlen gerade k^2:

$$\underbrace{1 + 3 + 5 + \cdots + (2k-1)}_{k} = k^2.$$

Unter Benutzung dieses Sachverhalts gebe man eine Rechenvorschrift an, die zu gegebenem $n > 0$ das oben definierte k bestimmt.

2.4.5 Arithmetisch-geometrisches Mittel

a_0 und b_0 seien positive reelle Zahlen. Durch die Vorschrift

$$\left. \begin{array}{l} a_{n+1} = \sqrt{a_n b_n} \\ b_{n+1} = \dfrac{a_n + b_n}{2} \end{array} \right\} n = 0, 1, 2, \ldots$$

werden zwei unendliche Zahlenfolgen $\{a_n\}$ und $\{b_n\}$ erklärt, die gegen einen gemeinsamen Grenzwert $M(a_0, b_0)$, das arithmetisch-geometrische Mittel von a_0 und b_0, streben.

Man gebe ein Programm für die näherungsweise Bestimmung von $M(a_0, b_0)$ an. Zur Gewinnung eines geeigneten Abbruchkriteriums verwende man hierbei, daß für $a_0 < b_0$ gilt:

$a_i < b_i$ (Ungleichung des arithmetisch-geometrischen Mittels)

und sogar $a_0 < a_1 < \ldots a_i < \ldots b_i < \ldots b_1 < b_0$.

2.4.6 Berechnung von π

Man formuliere ein Programm zur Bestimmung eines Näherungswertes für die Kreiszahl π. Hierfür benütze man das unendliche Wurzelprodukt

$$\sqrt{\tfrac{1}{2}} \times \sqrt{\tfrac{1}{2} + \tfrac{1}{2}\sqrt{\tfrac{1}{2}}} \times \sqrt{\tfrac{1}{2} + \tfrac{1}{2}\sqrt{\tfrac{1}{2} + \tfrac{1}{2}\sqrt{\tfrac{1}{2}}}} \times \ldots \quad \text{für} \quad \frac{2}{\pi}.$$

Die Iteration soll abgebrochen werden, wenn sich zwei aufeinanderfolgende Näherungswerte für π um weniger als $1_{10} - 10$ unterscheiden. Die Anzahl der benötigten Iterationsschritte ist mit anzugeben.

2.4.7 Bedingt korrektes Programm

Gegeben sei folgendes Programm:

```
⌈ real a,b,r; int q;
  proc P = (real x,y):
  ⌈ r := x,
    q := 0;
    while y ≤ r do
    ⌈ r := r - y; q := q + 1 ⌋;
    .
    .                          ⌋;
    
    P(a,b);
    .
    .                          ⌋
```

Man ermittle alle Paare (a,b), für die a und b als aktuelle Parameter beim Aufruf $P(a,b)$ zulässig sind. Dabei stelle man den Zusammenhang zwischen solchen (a,b) und dem Wert fest, den die Variable q nach dem Aufruf von P hat. Wie läßt sich erreichen, daß das Programm auch dann einwandfrei abläuft, wenn (a,b) zu keinem zulässigen Aufruf $P(a,b)$ führen?

2.4.8 Newton

f sei eine reellwertige, differenzierbare Funktion der reellen Veränderlichen x. ξ_n sei eine hinreichend gute Näherung an die Nullstelle ξ von f. Dann ist

$$\xi_{n+1} = \xi_n - \frac{f(\xi_n)}{f'(\xi_n)} \quad (n = 0, 1, 2, \ldots)$$

eine bessere Näherung an ξ (NEWTONsches Iterationsverfahren).

Es sei weiter vorausgesetzt, daß die Ableitung f' zwischen der Nullstelle ξ und der nullten Näherung ξ_0 streng monoton ist, und zwar monoton steigend falls $f(\xi_0)>0$, monoton fallend falls $f(\xi_0)<0$. Die Folge der Näherungen strebt dann theoretisch streng monoton gegen die Nullstelle ξ. Wegen der endlichen Wortlänge (vgl. BAUER-GOOS I, S. 194) in Rechenanlagen wird diese Monotonie mit Sicherheit verletzt. Die Iteration ist dann abzubrechen.

a) Man formuliere eine Rechenvorschrift *newton*, die nach dem NEWTONschen Verfahren die Nullstelle einer Funktion f berechnet. Parameter seien die Funktion f, ihre Ableitung af und eine geeignete Näherung für die Nullstelle.

b) Man bestimme mit *newton* möglichst genau die Lösung der Gleichung $e^x = 2 - x^3$, ausgehend von der Näherung $\xi_0 = 0.6$.

c) Man bestimme mit *newton* möglichst genau die positive Quadratwurzel von a $(a>1)$.

2.4.9 Geschachtelte Summen

Man formuliere eine Rechenvorschrift, die für irgend zwei ganze Zahlen i,j mit $0 \leq j \leq i$ die Summe

$$\sum_{k_1=j-1}^{i-1} \sum_{k_2=j-2}^{k_1-1} \cdots \sum_{k_{j-1}=1}^{k_{j-2}-1} \sum_{k_j=0}^{k_{j-1}-1} 1$$

berechnet.

Verbunde

2.5.1 Punkt und Strecke

Durch die folgenden Art-Vereinbarungen werden geometrische Objekte der Arten **punkt** und **strecke** eingeführt:

    mode punkt = **struct** (**real** *abszisse*, **real** *ordinate*) ;
    mode strecke = **struct** (**punkt** *anfangspkt*, **punkt** *endpkt*) ;

Die beiden Komponenten eines Verbundes der Art **punkt** sind als rechtwinklige kartesische Koordinaten eines Punktes der euklidischen Ebene zu interpretieren.

a) Man gebe eine Rechenvorschrift an, die den Abstand zweier Punkte berechnet.

b) Man gebe eine Rechenvorschrift an, die den Wert **true** liefert, falls zwei gerichtete Strecken zueinander parallel verlaufen, ansonsten den Wert **false**.

2.5.2 Schachzüge

Man formuliere eine Rechenvorschrift, die nach den Zugregeln des Schachs prüft, ob ein Zug erlaubt ist (ohne Berücksichtigung anderer Figuren und nur mit einfachem Vorrücken der Bauern).

2.5.3 Punkt im Innern eines Dreiecks

Man gebe eine Rechenvorschrift an, welche feststellt, ob ein Punkt S im Inneren des Dreiecks PQR liegt oder nicht.

2.5.4 Verkettung zweier Geflechte

Im folgenden Programm werden verschiedene Geflechte aus Verbunden der Art **element** aufgebaut.

⌈ **mode element = struct** (**int** *zahl*, **ref element** *nachfolger*);
proc *conc* = (**ref element** *a, b*) **ref element** :
 ⌈ **ref ref element** *hh* = **loc ref element** := *nachfolger* **of** *a*;
 while cont *nachfolger* **of** *hh* ≠ : **nil do**
  hh := *nachfolger* **of** *hh*;
 nachfolger **of** *hh* := *b*;
 a ⌋;

ref element *a* = **loc element**,
ref element *b* = **loc element**,
ref ref element *ll* = **loc ref element**;
ll := **loc element** := (1, **nil**);
ll := **loc element** := (1, *ll*);
ll := **loc element** := (1, *ll*);

a := *ll*;

ll := **loc element** := (2, **nil**);
ll := **loc element** := (2, *ll*);
ll := **loc element** := (2, *ll*);
ll := **loc element** := (2, *ll*);

b := *ll*;

a := *conc* (*a, b*) ⌋

Man skizziere die unter den Namen *a* und *b* erreichbaren Geflechte vor und nach der Zuweisung $a := conc\,(a, b)$.

2.5.5 Erzeugen eines Zyklus

Man formuliere ein Programm, das aus vier Verbunden der Art **element** einen Zyklus aufbaut. Dabei ist

mode element = struct (**int** *zahl*, **ref element** *nachfolger*) .

2.5.6 Arithmetische Ausdrücke als Geflecht

Der Inhalt der Variablen *term* repräsentiert am Ende des folgenden Programms in symbolischer Form den arithmetischen Ausdruck

$$((x+y)-((x+y)/y))$$

⌈ **mode formel** = **struct** (**ref formel** *linksoperand*,
  char *operator*,
  ref formel *rechtsoperand*) ;
formel *x,y* ;
ref formel *term* ;
x := (**nil**, „*x*", **nil**) ;
y := (**nil**, „*y*", **nil**) ;
term := **loc formel** := (*x*, „+", *y*) ;
term := **loc formel** := (*term*, „/", *y*) ;
term := **loc formel** := (*linksoperand* **of** *term*, „−", *term*) ⌋

1. Man zeichne das Geflecht von Objekten, das unter der Variablen *term* schließlich erreichbar ist.
2. Man schreibe ein Programm, in dem schließlich eine Repräsentation in symbolischer Form für den Ausdruck

$$(((x \times y)+z)-((x \times y)/((x \times y)+z)))$$

erzeugt wird.

2.5.7 Ein- und Zweiwegringlisten

Gegeben seien zwei Geflechte, eine *Einwegringliste e* und eine *Zweiwegringliste z*, deren Struktur aus den folgenden Skizzen hervorgeht.

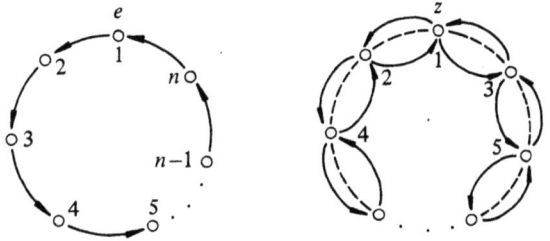

Abb. 6. Einwegringliste und Zweiwegringliste

Die Verbunde, die die Ringlisten aufbauen, seien erklärt durch

mode einweg = **struct** (**ref einweg** *nachf*, **int** *i*)

bzw.

mode zweiweg = **struct** (**ref zweiweg** *vor*, *rueck*, **int** *i*) .

a) Man formuliere je ein Programmstück zur Erzeugung einer einelementigen Einwegringliste und einer einelementigen Zweiwegringliste.
b) Man formuliere
1. eine Prozedur, die in eine Einwegringliste mit wenigstens zwei Elementen zwischen die Verbunde Nr. 1 und Nr. 2 einen Verbund einsetzt;
2. eine Prozedur, die aus einer Einwegringliste mit wenigstens einem Element den Verbund Nr. 2 entfernt, falls dieser verschieden von Verbund Nr. 1 ist;
3. je eine Prozedur, die in eine Zweiwegringliste mit wenigstens drei Elementen zwischen die Verbunde Nr. 1 und Nr. 2 bzw. Nr. 1 und Nr. 3 (vgl. Abb. 6) einen Verbund einsetzt;
4. je eine Prozedur, die aus einer Zweiwegringliste den Verbund Nr. 1 entfernt, falls noch ein weiterer Verbund vorhanden ist; bzw. Nr. 2 entfernt, falls dieser von Nr. 1 verschieden ist; bzw. Nr. 3 entfernt, falls dieser von Nr. 1 verschieden ist.

Felder

2.6.1 Euklidischer Abstand

Gegeben seien die Punkte $p=(p_1,p_2,p_3,...,p_n)$ und $q=(q_1,q_2,q_3,...,q_n)$ des n-dimensionalen euklidischen Raumes. Man gebe eine Rechenvorschrift zur Bestimmung des euklidischen Abstands von p und q an.

2.6.2 Kraftfahrzeugkennzeichen

Aus 100000 westdeutschen Autokennzeichen sollen diejenigen Münchner und Nürnberger ausgesondert werden, deren nachfolgende Buchstabenkombination lediglich aus einem B besteht und deren Ziffernkombination als zweite Ziffer 3 enthält.

Man stelle hierfür ein Programm auf unter der Annahme, daß die Kennzeichen nacheinander, getrennt durch ˌ gegeben sind (z.B. *HH-AK627ˌK-BB42ˌ...*)

2.6.3 Matrizenmultiplikation

Man erstelle eine Prozedur zur Bildung des Produkts $c = a \cdot b$ aus einer $(m \times n)$-Matrix a und einer $(n \times p)$-Matrix b mit komplexen Zahlen als Elementen.

2.6.4 Fibonacci-Zahlen

Der erste Fachmathematiker des Abendlandes, LEONARDO FIBONACCI (auch LEONARDO PISANO genannt, 1180?–1250?), führte in seinem Hauptwerk *Liber Abaci* die rekurrente Folge

$$u_{-2}=0; \quad u_{-1}=1; \quad u_n=u_{n-1}+u_{n-2} \quad \text{für} \quad n=0,1,2,...$$

ein.

Man erstelle eine Prozedur, die der Reihe nach ab u_0 die ersten n Glieder der Fibonacci-Folge ausdruckt.

2.6.5 Der Größe nach ordnen

Gegeben sei eine Folge von n reellen Zahlen. Man gebe ein Programm an, das diese Zahlen der Größe nach aufsteigend ordnet.

2.6.6 Prüfung auf Wiederholung

Gegeben sei ein Vektor a der Länge $n>1$ mit natürlichen Zahlen a_i ($i=1,2,...,n$) als Komponenten.
Man erstelle eine Prozedur, die die Komponenten b_i eines anderen Vektors b mit folgenden Werten besetzt:

mit 0, wenn $i=1$,
mit 0, wenn $a_j \neq a_i$ für alle j mit $1 \leq j < i$,
mit k, wenn $a_{i-k}=a_i$ und $a_j \neq a_i$ für $i-k<j<i$.

Dabei sei n eine nicht-lokale Konstante.

2.6.7 Genealogie

Man generiere ein Geflecht, das den folgenden Ausschnitt aus der Stammtafel der Habsburger im 15. und 16. Jahrhundert wiedergibt.

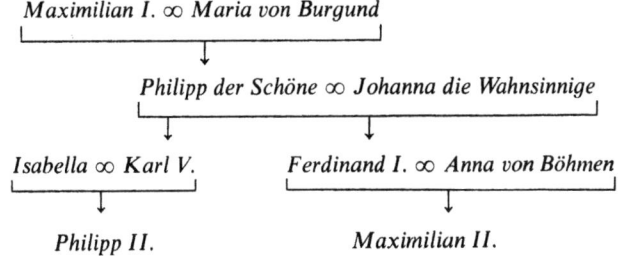

Nachträglich berücksichtige man, daß Ferdinand II. von Spanien und dessen Gattin Isabella von Kastilien die Eltern von Johanna der Wahnsinnigen sind und Don Carlos der Sohn Philipps II.

2.6.8 Wert der Ableitung eines Polynoms

Man gebe ein Programm an, das den Wert der k-ten Ableitung des Polynoms $P(x)=\sum_{i=0}^{n} a_i x^i$ mit reellen Koeffizienten an der Stelle x berechnet ($0 \leq k \leq n$).

Aufgaben: 2 Begriffliche Grundlagen der Programmierung

Sprünge

2.7.1 Entscheidungstabellen

Als Entscheidungstabelle bezeichnet man eine Tabelle der folgenden Art[1]

	Hochzeitstag	J	J	J	J	N	N	N	N
	Schwiegermutter zu Besuch	J	J	N	N	J	J	N	N
	Fernsehprogramm interessant	J	N	J	N	J	N	J	N
(*)	Blumen kaufen	X	X	X	X				
	Pralinen kaufen	X	X						
	Fernsehen zu Hause	X	X	X	X			X	
	Fernsehen bei Bekannten					X			
	Stammkneipe aufsuchen						X		X

bei der für sämtliche 2^n Kombinationen von n BOOLEschen Parametern jeweils gewisse Aktionen als durchzuführend bezeichnet sind, und zwar durchzuführen in der Reihenfolge der Aufschreibung. Eine solche Darstellung ist, weil übersichtlicher, einfacher zu verstehen als ein entsprechendes Ablaufdiagramm – etwa folgendes[1]:

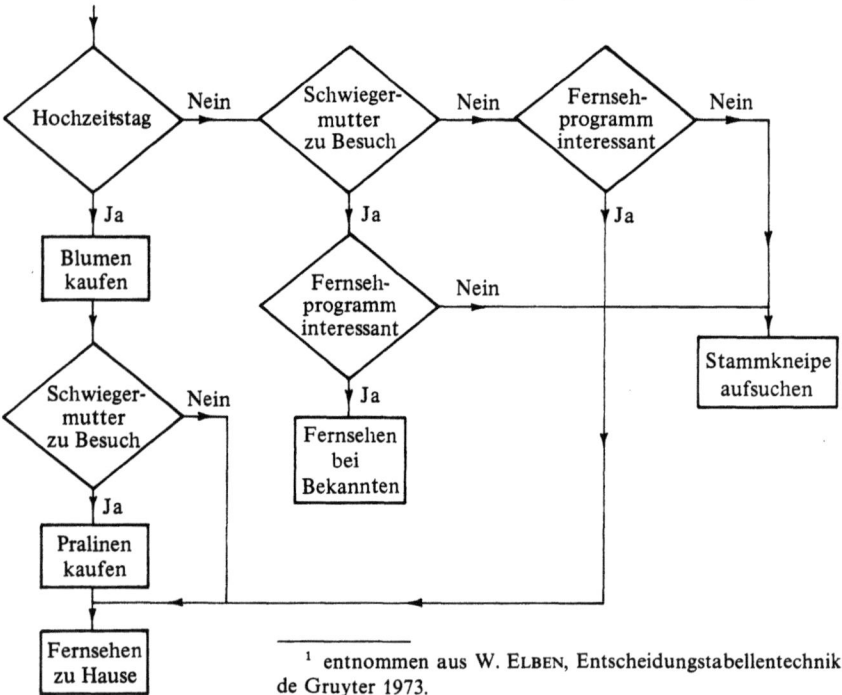

[1] entnommen aus W. ELBEN, Entscheidungstabellentechnik, de Gruyter 1973.

2.7.1 Entscheidungstabellen

Außerdem ist, vor allem für Ungeübte, die Aufstellung eines Ablaufdiagramms fehleranfällig.

Eine Entscheidungstabelle kann stets unmittelbar als kaskadenartig zusammengesetzte bedingte Anweisung niedergeschrieben werden, im Beispiel etwa (mit $H \triangleq$ Hochzeitstag, $S \triangleq$ Schwiegermutter zu Besuch, $F \triangleq$ Fernsehprogramm interessant)

  if H **then if** S **then if** F **then** «Blumen kaufen»;
               «Pralinen kaufen»;
               «Fernsehen zu Hause»
           else «Blumen kaufen»;
               «Pralinen kaufen»;
               «Fernsehen zu Hause» **fi**
        else if F **then** «Blumen kaufen»;
               «Fernsehen zu Hause»
           else «Blumen kaufen»;
               «Fernsehen zu Hause» **fi**
                    fi
  else if S **then if** F **then** «Fernsehen bei Bekannten»
           else «Stammkneipe aufsuchen» **fi**
        else if F **then** «Fernsehen zu Hause»
           else «Stammkneipe aufsuchen» **fi**
                    fi
                    fi .

Durch eine solche reine Schreibübung wird zwar die Aufschreibung kaum übersichtlicher, wohl aber kann in solcher programmierter Form ein Übersetzer die Fassung „verstehen".

Die kaskadenartige Fallunterscheidung kann jedoch oft noch erheblich vereinfacht werden, im vorigen Beispiel auf die bedingte Anweisung

  if H **then** ⌈«Blumen kaufen»;
       if S **then** «Pralinen kaufen» **fi**;
      «Fernsehen zu Hause»   ⌋
    else **if** F **then** **if** S **then** «Fernsehen bei Bekannten»
              else «Fernsehen zu Hause» **fi**
       else «Stammkneipe aufsuchen»   **fi fi** .

Ihr entspricht eine verkürzte Entscheidungstabelle der Form

(∗∗)

Hochzeitstag	J	J	N	N	N
Schwiegermutter zu Besuch	J	N	J	N	–
Fernsehprogramm interessant	–	–	J	J	N
Blumen kaufen	X	X			
Pralinen kaufen	X				
Fernsehen zu Hause	X	X		X	
Fernsehen bei Bekannten			X		
Stammkneipe aufsuchen					X

in der die Eintragung von – bedeutet, daß die betreffende Bedingung unerheblich ist.
Solcherart verkürzte Entscheidungstabellen sind nicht nur übersichtlicher, sie sind oft auch ab ovo zu gewinnen. Nichtsdestoweniger erhebt sich die Frage:
 a) Welche Vereinfachungsregeln gibt es? Was könnte man als bestmögliche Vereinfachung ansehen? Gibt es immer eindeutig eine bestmögliche Vereinfachung?
 Wie am Beispiel ersichtlich, kommt man auch bei der Programmierung vereinfachter Entscheidungstabellen ohne Sprünge aus:
 b) Man vergleiche das zur Tabelle (∗∗) gehörige Ablaufdiagramm mit dem zu Beginn der Aufgabe wiedergegebenen.
 Häufig legt man noch fest, daß die einzelnen Fallkombinationen in der Reihenfolge der Aufschreibung von links nach rechts abzuprüfen seien, wobei eine unbezeichnete Restspalte noch die Aktionen verzeichnen kann, die im verbleibenden Restfall auszuführen sind („Links vor Rechts-Ablauf"):
 c) Man versuche die vorstehende verkürzte Entscheidungstabelle noch weiter zu vereinfachen!
 d) Man erfinde eine (verkürzte) Entscheidungstabelle, die man unter Verwendung des „Links vor Rechts-Ablaufs" noch vereinfachen kann. Kommt man bei der Programmierung solcherart vereinfachter Entscheidungstabellen ohne Sprünge aus?

2.7.2 Wiederholung

Angenommen, eine Programmiersprache kennt keine Sprünge und keine Wiederholung, wohl aber rekursive Rechenvorschriften. Kann die Konstruktion[1]

while $\mathcal{B}$ do $\mathcal{S}$ od

dann irgendwie umschrieben werden?

---

[1] Syntax nach dem revidierten ALGOL-Bericht von 1974.

3. Kapitel

Maschinenorientierte algorithmische Sprachen

Aufbrechen von Ausdrücken, Wiederholungen und Rechenvorschriften

3.1.1 Arithmetische Ausdrücke

Gegeben sei folgendes Programm:

    begin real a,b,c,d,x,y,z ;
        $x := (a \times a + b \times b - c \times c)/((a+b+c+d) \times (a-b-c-d))$;
        $y := ((a \times x + b) \times x + c) \times x + d$;
        $z := (x + a/(x + a/(x + a/x))) \times y \times (y - x)$
    end .

Man überführe die drei Anweisungen in eine Folge von
a) „Drei-Adreß-Befehlen",
b) „Ein-Adreß-Befehlen",
(vgl. BAUER-GOOS I, 3.1) unter Ausnutzung der Kommutativität.

3.1.2 Verwendung mehrerer Akkumulatoren

Auf einer Rechenanlage stehen drei Akkumulatoren zur Verfügung, die mit AC_1, AC_2 und AC_3 bezeichnet sind und jeweils wie ein gewöhnlicher AC eingesetzt werden können. Der Befehlsvorrat der Anlage enthält entsprechende Befehle wie:

$$\left. \begin{array}{l} AC_i := \text{›Operand‹} \\ AC_i := AC_i \, \omega \, \text{›Operand‹} \end{array} \right\} \quad i = 1, 2, 3$$

usw. (vgl. BAUER-GOOS I, 3.1.2)

und zusätzliche Befehle wie

$$\left. \begin{array}{l} AC_i := AC_j \\ AC_i := AC_i \, \omega \, AC_j \end{array} \right\} \quad i, j = 1, 2, 3, \quad i \neq j,$$

bei denen ein Akkumulator als (zweiter) Operand zugelassen ist.

Man gebe eine Folge von Ein-Adreß-Befehlen zur Auswertung des Ausdrucks

$$(a+b)/(c \times d - (e \times f \uparrow - g)/(h-i)),$$

wobei die Akkumulatoren möglichst als Hilfsspeicher für Zwischenergebnisse verwendet werden. Die Zerlegung des Ausdrucks ist von links nach rechts durchzuführen.

3.1.3 Optimierungen für arithmetische Ausdrücke

Der Ausdruck

$$(a+b)/(c \times d - (e \times f \uparrow - g)/(h-i))$$

soll in eine Folge von Ein-Adreß-Befehlen überführt werden, wobei die einzelnen Zerlegungsschritte (ohne Ausnutzung der Kommutativität)
a) möglichst weit links,
b) möglichst weit rechts
erfolgen sollen.
c) Man gebe eine optimale Befehlsfolge an und vergleiche die Ergebnisse.
(Es soll der Befehlsvorrat aus BAUER-GOOS I, 3.1, verwendet werden.)

3.1.4 Präfixform und Postfixform

Bei einem in Präfixform dargestellten Ausdruck folgen in der Aufschreibung von links nach rechts auf den Operator der Operand bzw. die beiden Operanden. Bei der Postfixform werden von links nach rechts zunächst der Operand bzw. die Operanden und anschließend der Operator aufgeschrieben.
a) Man stelle den Ausdruck

$$x := a \times b \uparrow c - d/e$$

in Präfix- und Postfixform dar.

b) Man überlege sich, daß diese beiden Darstellungsformen für arithmethische Ausdrücke wesensgemäß klammerfreie Schreibweisen sind, und betrachte das Beispiel:

$$x := (a + b \times c)/d - (e + f) \times (g - h).$$

3.1.5 Kollaterale Auswertung von Operanden

In der Situation **real** a, **real** b diskutiere man den folgenden Ausdruck:

$$x := a/b - q \times q,$$

wobei q die folgende parameterlose Rechenvorschrift ist:

proc int q = **int**: ⌈ $a := a+1; a$ ⌋ .

3.1.6 Relationen, Boolesche Operationen und bedingte Ausdrücke

Gegeben sei der folgende Ausdruck:

if $0 \leq x \wedge x \leq 1$ **then** $sqrt(x \times (1-x))$ **else** $sqrt(x \times (x-1))$ **fi**

wo x von der Art **ref real** ist.

a) Man ersetze den Ausdruck durch einen solchen, welcher zwar Sprunganweisungen und bedingte Sprunganweisungen, jedoch den Operator $\wedge$ nicht mehr enthält.

b) Man überführe das in a) aufgestellte Programm in eine Folge von Ein-Adreß-Befehlen und versuche, Befehle einzusparen.

3.1.7 Relationen mit eingeschränktem Befehlsvorrat

Es sei $R = \{<, \leq, =, \neq, \geq, >\}$. Der Befehlsvorrat einer Rechenanlage enthalte an Befehlen für bedingte Sprünge nur

if AC ρ **0 then goto** ›Marke‹ **fi**

mit $\rho \in R' \subset R$.

R' sei eine *minimale* Menge von Relationsoperationen, die es gestattet, alle Relationen $a \rho b, \rho \in R$ mit Ergebnis der Art **bool** im **AC** durch eine Folge von Ein-Adreß-Befehlen zu ersetzen. Wieviele Elemente muß R' mindestens enthalten; wieviele Möglichkeiten gibt es für R'? Man gebe für ein R' die entsprechenden Programme an.

3.1.8 Wiederholungsanweisung

Gegeben sei das Programmstück:

    int $s := 0$;
    for i **to** n **do** $s := s + i \uparrow 2$.

a) Man ersetze die Wiederholungsanweisung durch eine Folge einfacherer Anweisungen.

b) Man überführe das Programmstück in eine Folge von Ein-Adreß-Befehlen (mit symbolischen Adressen).

3.1.9 Wirkungsweise der Wiederholungsanweisung

Gegeben sei das Programm:

(I)   **begin**
        int $s := 0, a := 1, b := 1, c := 3$;
        for i **from** a **by** b **to** c **do**
        begin
            $s := s + i \uparrow 2$;
            (∗)
        ~~~~~~~~
        end
    end .

Für (∗) setze man der Reihe nach die Anweisungen

a) $a := a+1$;   b) $b := b+1$;   c) $c := c+1$;

ein und weise nach, daß keine dieser Anweisungen Auswirkungen auf den weiteren Ablauf der Wiederholungsanweisung hat.

3.1.10 Rechenvorschrift mit Parametern

Das folgende Programmstück soll in eine Folge von Identitätsvereinbarungen und Ein-Adreß-Befehlen übersetzt werden. Dabei soll die Rechenvorschrift

a) durch ein offenes,
b) durch ein geschlossenes

Unterprogramm ersetzt werden. Das Ergebnis der Rechenvorschrift kann im **AC** übergeben werden.

```
begin
   proc P = (real a, b) real: a × a + b × b ;
   ref real x = loc real ;
   x := P (1.0, 2.0) + P (3.0, 4.0)
end .
```

Adressierung

3.2.1 Speicherabbildungsfunktion

Man zeige, daß in BAUER-GOOS I, 3.2.1, die Wahl

$$\hat{m} = (\ldots((m_1 k_2 + m_2)k_3 + m_3)k_4 + \cdots + m_{r-1})k_r + m_r$$

die Konstante der Speicherabbildungsfunktion zu 0 macht.

3.2.2 Kantenlängen, Schrittweiten und reduzierte Anfangsadresse

Das Feld a sei durch

$$[m_1:n_1,\ldots,m_r:n_r]\ \textbf{real}\ a$$

vereinbart. k_i, $i=1,\ldots,r$ seien die zugehörigen Kantenlängen.

a) Man bestimme die Adresse von $\hat{a}[0]$ (reduzierte Anfangsadresse), wobei $\hat{a}$ das zugeordnete Feld der Indikation $[\hat{m}:\hat{n}]$ **real** ist. Die Adresse des ersten Feldelements $\hat{a}[\hat{m}]$ sei AA.

b) Durch

$$d_r := 1 ;$$
$$d_i := d_{i+1} \times k_{i+1}, \quad i = r-1,\ldots,1$$

sind die sogenannten Schrittweiten d_i definiert. Man gebe die Adresse eines Elementes $a[i_1,...,i_r]$ an unter Verwendung von AA und (1) der Kantenlängen bzw. (2) der Schrittweiten.

3.2.3 Spaltenweise Speicherung eines Feldes

Durch die Abbildung f aus BAUER-GOOS I, 3.2.1, ist eine zeilenweise Speicherung eines mehrstufigen Feldes definiert. Man gebe eine Abbildung g an, welche ein mehrstufiges Feld a spaltenweise auf ein einstufiges Feld $\hat{b}$ abbildet.

3.2.4 Lineare Fortschaltung

Gegeben sei der folgende Programm-Ausschnitt:

>   **begin int** n;
>   **begin** $[1:n, 1:n]$ **real** a,b; ~~~
>
>   **for** i **to** n **do**
>   **for** j **to** n **do**
>   ⌈ $a[i,j] := a[j,i] := b[i,j]$;
> $b[j,j] := 0$ ⌋
>
>   **end**
>   **end** .

Die Adressen der indizierten Größen sollen bezüglich der j-Schleife durch lineare Fortschaltung ausgewertet werden; dazu stehen Indexregister IR_1, IR_2,... zur Verfügung. Wieviele Indexregister werden benötigt, wie sind sie vorzubesetzen und zu erhöhen?

3.2.5 Lineare Fortschaltung für geschachtelte Wiederholungsanweisungen

Man überführe das Programmstück

>   **for** i **from** 0 **by** 2 **to** 20 **do**
>   **for** j **from** 0 **by** 3 **to** 30 **do** $a[i,j] := 0$,

wobei die Matrix a durch $[0:20, 0:30]$ **real** a vereinbart sei, in eine Folge von Ein-Adreß-Befehlen mit symbolischen Adressen. Für die Auswertung des auftretenden Indexausdrucks verwende man ein Indexregister IR und lineare Fortschaltung.

3.2.6 Adreßbuch

Bei der Zurückführung von Objekten auf Zelleninhalte wird auf einer bestimmten Rechenanlage jeweils die folgende Anzahl von Worten benötigt:

Art	int	rat	real	compl	bool	char	ref›art‹
Anzahl der Worte	1	2	2	4	1	1	1

Man erstelle für das folgende Programm das Adreßbuch und trage die durch die Initialisierungen gegebenen Zelleninhalte bzw. **skip** oder **nil** ein. Die Anfangsadresse sei 100_0.

```
begin
    ref real a = loc real;
    ref int b = loc int := 4;
    ref compl z = loc compl;
    ref ref real c = loc ref real;
    ref real d = loc real := 3.14;
    ref int e = b;
    ref [1:3] real r = loc [1:3] real;

    read ((r, z, a));
    for i to 3 do a := a + r[i];
    z := z + a + b + d;
    c := if abs z < a then a else d fi;
    e := entier c;
    print (e)
end
```

3.2.7 Namensvariable

Gegeben sei das folgende Programm

```
begin
    ref ref ref int iii = loc ref ref int,
    ref ref int ii = loc ref int,
    ref int i = loc int,
    ref ref int kk = loc ref int,
    ref int k = loc int;

    k := 3;
    iii := ii;
    ii := i;
    kk := ii;
    cont kk := k;
M:  cont kk := iii + i;
    if i < 24 then goto M fi
end
```

a) Man lege ein Adreßbuch an. Die erste freie Speicherzelle für die zu speichernden Objekte habe die Adresse 100_0.
b) Man gebe die Belegung der Speicherzellen zu verschiedenen Zeitpunkten der Ausführung des Programms an, z. B. beim Durchgang durch die Marke M.
c) Man überführe das Programm in eine Folge von Ein-Adreß-Befehlen (Befehlsvorrat aus BAUER-GOOS I, 3.3.1).

3.2.8 Geflecht; statische Speicherverteilung

Gegeben sei das folgende Programm:

```
begin
    mode ausdruck = struct (ref ausdruck linksoperand,
                            string operator,
                            ref ausdruck rechtsoperand);
    ausdruck x, y; ref ausdruck term;
    x := (nil, „x", nil);   y := (nil, „y", nil);
    term := loc ausdruck := (x, „+", y);
    term := loc ausdruck := (term, „/", y);
    term := loc ausdruck := (linksoperand of term, „ − ", term)
end .
```

Nach Abarbeitung des Programms repräsentiert die Variable *term* einen arithmetischen Ausdruck[1].

a) Man gebe eine Zuordnung von Speicherzellen zu den erzeugten Objekten an und die Inhalte der Speicherzellen bei Programmende. (Für Größen der Art **string** soll 1 Wort genügen. Die Anfangsadresse sei 100_0.)
b) Man übersetze das Programm in eine Folge von Ein-Adreß-Befehlen.

---

[1] Vgl. auch Aufgabe *Arithmetische Ausdrücke als Geflecht* in Kapitel 2.

4. Kapitel

Schaltnetze und Schaltwerke

Schaltfunktionen und Schaltnetze

4.1.1 Wechselschalter

Man bestimme sämtliche Schaltfunktionen $f(a,b)$, für die

gilt. $\qquad$ (*) $\quad f(\neg a, b) = f(a, \neg b) = \neg f(a,b)$

4.1.2 Normalform

Gegeben sei die binäre Schaltform zweier Variablen

$$f(a,b) = (\neg a \wedge b) \vee (a \wedge \neg b).$$

Man bestimme die adjunktive Normalform der Schaltfunktion dreier Variablen

$$S(a,b,c) = f(f(a,b),c).$$

Man zeige

$$f(f(a,b),c) = f(a,f(b,c)).$$

4.1.3 Übertragsbildung

Aus der Wertetafel

a	b	c	$ü$
O	O	O	O
O	O	L	O
O	L	O	O
O	L	L	L
L	O	O	O
L	O	L	L
L	L	O	L
L	L	L	L

bestimme man die disjunktive Normalform der binären Schaltfunktion $\ddot{u}(a,b,c)$ und gebe eine äquivalente einfachere Formel an.

4.1.4 Auswahlpyramide

Man gebe ein Schaltnetz an, das die Umcodierung 3-stelliger Dualzahlen in einen 1-aus-8-Code leistet.

4.1.5 Schaltnetz vereinfachen

Für das Schaltnetz der Abb. 7

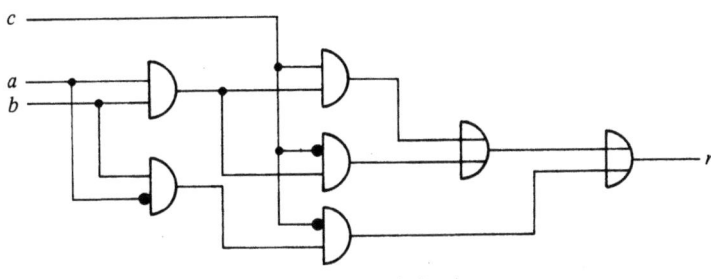

Abb. 7. Ein Schaltnetz

bestimme man rechnerisch die Schaltfunktion

$$r = f(a,b,c)$$

und vereinfache sie mit Hilfe der Gesetze des Booleschen Verbandes.

4.1.6 Nand-Darstellung

Man zeige:
Es gibt $2^{(2^s)}$ verschiedene Schaltfunktionen von s Variablen. Man gebe für die vier Schaltfunktionen einer Variablen und für die sechzehn Schaltfunktionen zweier Variablen die Wertetabellen an.
Man stelle diese zwanzig Schaltfunktionen durch Ausdrücke dar, in denen nur nand als Verknüpfung vorkommt.
Ist die Nand-Verknüpfung assoziativ?

4.1.7 Nicht-assoziative zweistellige Schaltfunktionen

Man bestimme die Anzahl der nicht assoziativen zweistelligen Schaltfunktionen

Anleitung: Man zeige, daß folgendes gilt:

a) Falls $O \sigma L = L \sigma O$ und $(O \sigma O = L$ und $L \sigma L = O)$, so ist σ nicht assoziativ.
b) Falls $O \sigma L \neq L \sigma O$ und $(O \sigma O = L$ oder $L \sigma L = O)$, so ist σ nicht assoziativ.

4.1.8 Kalmár-Logik

Von drei Leitungsklemmen, die mit ⊕, ○ und ⊖ bezeichnet sind, sollen stets entweder ⊕ mit ○ oder ⊖ mit ○ verbunden sein, aber nicht beides zugleich (ausschließendes Oder). Die beiden so entstehenden Zustände an einer dreipoligen Leitungsklemme sollen mit O und L (oder mit **false** und **true**) bezeichnet werden. Man gebe eine Relaisschaltung an für ein Schaltglied mit zwei (dreipoligen) Eingängen und einem (dreipoligen) Ausgang, das eine Konjunktion darstellt. Wie kann eine Negation erhalten werden? Wie erhält man eine Disjunktion?

4.1.9 Bausteine

Zum Aufbau von Schaltungen stehen die in Abb. 8 abgebildeten steckbaren Bausteine zur Verfügung (nach HAHN, W.: Elektronikpraktikum für Informatiker, Heidelberger Taschenbücher, Bd. 85, Abschnitt 8.2, Berlin-Heidelberg-New York: Springer 1971).

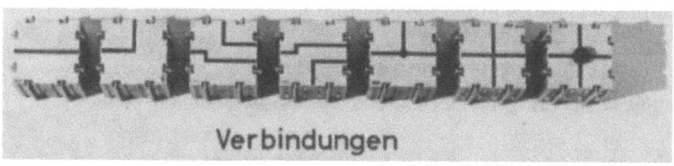

Abb. 8. Bausteine

Man entwerfe damit eine Schaltung für den Halbaddierer.

4.1.10 Von ‚direkt' nach ‚Gray'

Man gebe ein Schaltnetz an, das einen dreistelligen direkten Code in einen dreistelligen Gray-Code umsetzt.

4.1.11 Von ‚direkt' nach ‚Exzeß-3'

Man gebe einen zweistufigen Codeumsetzer an, der die Umsetzung der Zahlen 0 bis 9 in direkter Codierung in die Exzeß-3-Codierung bewirkt. (Eingangs- wie ausgangsseitig soll mit jeder Schaltvariablen auch ihre negierte zur Verfügung stehen.)
Unter Verwendung der folgenden Grundschaltungen für mittels Dioden dargestellter Und-Glieder und Oder-Glieder (Abb. 9) entwerfe man die komplette Schaltung.

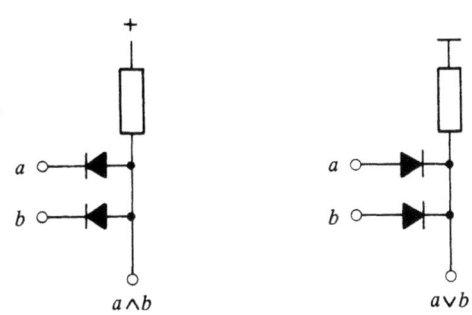

Abb. 9. Diodenschaltungen

4.1.12 Multiplikation

Gib ein Schaltnetz mit vier Eingängen und vier Ausgängen an, das zu zwei zweistelligen Dualzahlen das Produkt liefert.

4.1.13 Streu-Codierung

Angenommen, bis zu 4096 Worte zu 8 Buchstaben, diese aus einem 64-Buchstaben-Alphabet, sollen auf die 4096 12-Bit-Worte abgebildet werden. Man könnte den auftretenden 8-Buchstaben-Worten in der Reihenfolge ihres Auftretens die 12-Bit-Worte, in lexikographischer Ordnung, zuweisen und dies in einer Tabelle festhalten. Jede der bis zu 4096 Tabelleneinträge würde dann $8 \times 6 + 12 = 60$ Bits erfordern. Sei es, um den Speicheraufwand zu vermeiden, sei es, weil nur eine Wortlänge von 32 oder 48 Bit verfügbar ist, soll die (vollständige) *Tabellencodierung* aufgegeben werden – abgesehen davon, daß die Benutzung der Tabelle einen Suchprozeß erfordert. Man greift dann zu einer *Funktionscodierung*: man benutzt eine (geeignete) Schaltfunktion, die das 8-Buchstaben- bzw. 48-Bit-Wort als Eingang und ein 12-Bit-Wort als Ausgang hat.

Aus praktischen Gründen kommt nur eine einfache, wenig Aufwand erfordernde Schaltfunktion in Frage. Da von vornherein ohnehin nicht feststeht, welche 4096 (aus insgesamt 2^{48} Worten!) auftreten werden, nimmt man bewußt in Kauf, die Schaltfunktion nicht individuell anzupassen, sondern wählt eine feste, wenig Aufwand erfordernde, auf die Gefahr hin, daß nunmehr zwei auftretende 8-Buchstaben-Worte in dasselbe 12-Bit-Wort abgebildet werden. Man muß dann lediglich die jeweils schon benutzten 12-Bit-Worte markieren und im Fall der Kollision Sonderbehandlung vorsehen. Praktische Voraussetzung dafür ist, daß statistisch gesehen Kollisionen nur selten stattfinden. Dafür ist zunächst zu fordern, daß die Abbildung gleichmäßig zusammenwirft, d.h. im Beispiel stets 2^{36} 8-Buchstabenworte auf dasselbe 12-Bit-Wort abgebildet werden. Ferner soll die Abbildung von allen Binärstellen des Eingangswortes abhängen. Das schließt die allereinfachste Vorschrift, das Abschneiden der überzähligen (in unserem Beispiel der letzten 36) Binärstellen, aus.

a) Gib eine einfache Schaltfunktion an, die den beiden vorstehenden Forderungen genügt.

b) Charakterisiere die Menge von Worten, die dabei jeweils zusammengeworfen werden.

c) Gib die Wahrscheinlichkeit für eine Kollision in Abhängigkeit von der erreichten Auslastung der Tabelle, unter der Annahme eines regellosen Einfalls der 8-Buchstaben-Worte.

Schaltwerke

4.2.1 Schaltung des RS-Flipflops

Vorgelegt sei das Schaltnetz in Abb. 10, das Rückführungen enthält. Man bestimme diejenigen Kombinationen (r, s, v_1, v_2), die widerspruchsfrei sind.

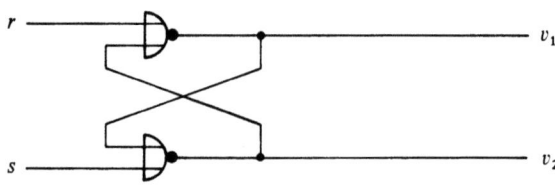

Abb. 10. Flipflopschaltung

4.2.2 Übergangsdiagramm des RS-Flipflops

Berücksichtigt man in der vorigen Aufgabe die Schaltverzögerung, so erhält man das Verzögerungsschaltwerk (Abb. 11).

Für alle vier Zustände (v_1, v_2) bestimme man, welcher neue Zustand durch eine der drei Eingangskombinationen $(r, s) = (O, O)$, (O, L) und (L, O) erreicht wird. Wieso kann man von einem Flipflop-Verhalten sprechen?

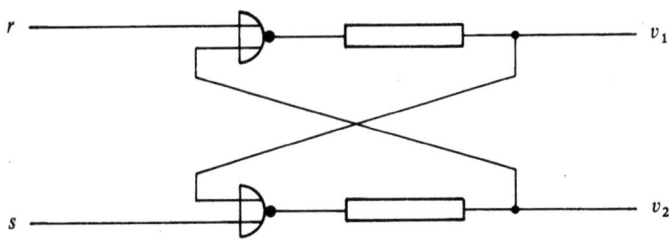

Abb. 11. Flipflop als Verzögerungsschaltwerk

4.2.3 JK-Flipflop

Man zeichne das Schaltbild für ein JK-Flipflop (BAUER-GOOS I, Abb. 100) unter Verwendung des Schaltbildes für das RS-Flipflop aus der vorstehenden Aufgabe unter möglichster Vereinfachung.

4.2.4 Verschiebeschaltwerk

Durch die Gleichungen

$$v_1 = Dv_2,$$
$$v_2 = Dv_3,$$
$$v_3 = Df(v_1, v_2, v_3)$$

wird ein Verschiebeschaltwerk bestimmt. Welches Übergangsdiagramm erhält man für

a) $f(v_1, v_2, v_3) = v_1 \wedge v_2$,
b) $f(v_1, v_2, v_3) = \neg(v_1 \wedge v_2)$.

Welche dreistelligen Kettencodes ergeben sich?
Wie ist f zu bestimmen, damit sich ein Kettencode der Periode 8 ergibt?
Wie sieht das vollständige Übergangsdiagramm für dreistellige Kettencodes aus?

4.2.5 Möbius-Ringzähler

Die Flipflopschaltung in Abb. 12 mit überkreuzter Rückführung wird Möbius-Ringzähler genannt. Sie erzeugt eine Anzahl von Kettencodes. Man gebe ihre Länge an und zeige, daß genau einer von ihnen einschrittig ist.

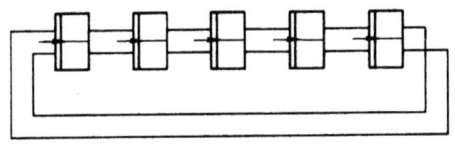

Abb. 12. Möbius-Ringzähler

4.2.6 Kettencodes der Periode 14

Die zyklische Sequenz

⟶ LLLLOOLOOOOLLO ⟶

kann benutzt werden, um einen Zeichenvorrat von 14 Zeichen in einem 4-Bit-, 5-Bit-, 6-Bit- oder 7-Bit-Kettencode darzustellen, etwa

0	LLLL		0	LLLLO
1	LLLO	oder| 1	LLLOO	oder ...
2	LLOO		2	LLOOL
	usw.			usw.

a) Welche 4-Bit-Codezeichen werden dabei nicht dargestellt?
b) Was ist der Hamming-Abstand der sich ergebenden 5-Bit-, 6-Bit- und 7-Bit-Codes?
c) Man gebe für den 4-Bit-Kettencode und den 7-Bit-Kettencode eine Realisierung durch ein Verschiebe-Schaltwerk, d.h. eine passende Funktion f im Sinne von BAUER-GOOS I, Abb. 95.

4.2.7 Ein Mikroprogramm

Der Potenzierungsalgorithmus (BAUER-GOOS I, 2.9.2) läßt sich verallgemeinern auf jede zweistellige assoziative Operation ω an Stelle der Multiplikation. Man untersuche insbesondere den Fall, wo ω die Addition ganzer, numerisch-reeller oder numerisch-komplexer Zahlen ist, sowie wo ω die Konkatenation ist.

Lösungen: 1 Information und Nachricht

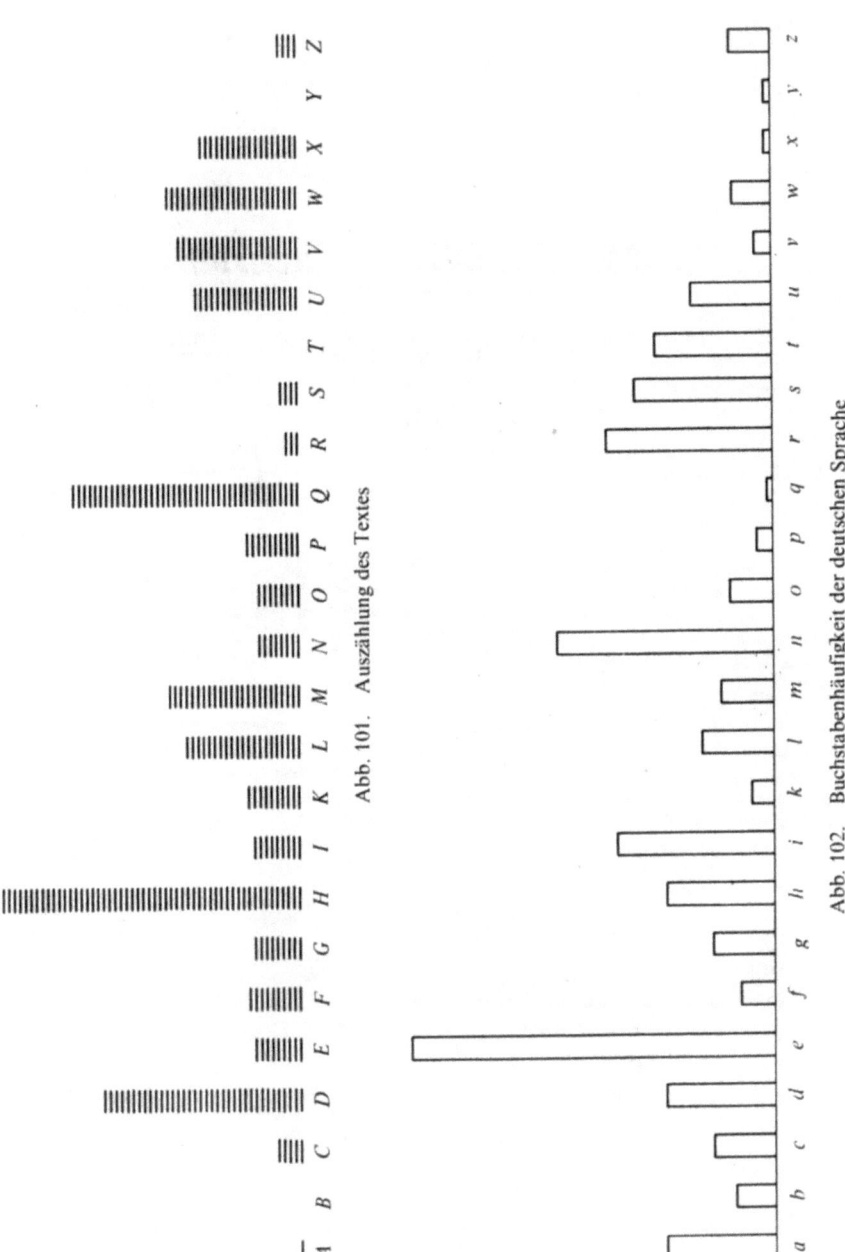

Abb. 101. Auszählung des Textes

Abb. 102. Buchstabenhäufigkeit der deutschen Sprache

1. Kapitel

Information und Nachricht

Entschlüsselung von Geheimschriften

1.1.1 Lochstreifen

Der Klartext lautet:

stelle ein 5728
addiere dazu 244
multipliziere mit 15
addiere dazu 2428
dividiere durch 4 .

Anmerkung:
Es ist zu beachten, daß die Zeichen A ... und 1 ... (**Wechselsymbole**) den Übergang in einen bestimmten Zeichenvorrat („buchstabenseitiger" Zeichenvorrat bzw. „ziffernseitiger" Zeichenvorrat) bewirken. Während hier der Wechsel bis auf Widerruf gilt, gibt es auch Systeme mit Zeichen, die lediglich für das nachfolgende Zeichen den Übergang in einen anderen Zeichenvorrat bewirken (**Fluchtsymbole**), z. B. den Übergang zu Großbuchstaben oder zu fetter Type.

1.1.2 Krebs, Caesar, Krebscaesar

a) rückwärts lesen („Krebs"),
b) durch den jeweils viertnächsten Alphabetbuchstaben ersetzen („Caesar"),
c) rückwärts lesen und durch den jeweils vorhergehenden Alphabetbuchstaben ersetzen („Krebscaesar").
Der Buchstabe *j* wird in der Kryptographie üblicherweise nicht verwendet.

1.1.3 Caesar

a) Die Auszählung der Buchstaben des Codetextes ergibt (Abb. 101) eine Verteilung, die deutlich mit den Formmerkmalen der Häufigkeitsverteilung in der deutschen

1.1.3 Caesar

Sprache übereinstimmt (Abb. 102). Die Verschiebung, kenntlich etwa durch den Beginn des *RST*-Hochs, beträgt 3 Zeichen. Der Klartext ergibt sich demnach zu

> *es war schon dunkel als ich in bonn ankam ich zwang mich*
> *meine ankunft nicht mit der automatik ablaufen zu lassen*
> *die sich in fuenfiaehrigem unterwegssein herausgebildet*
> *hat bahnsteigtreppe runter bahnsteigtreppe rauf*
> *reisetasche abstellen fahrkarte aus der manteltasche*
> *nehmen reisetasche aufnehmen fahrkarte abgeben zum*
> *zeitungsstand abendzeitungen kaufen nach draussen gehen*
> *und ein taxi heranwinken* .

(HEINRICH BÖLL: Ansichten eines Clowns)

b) Abb. 103 zeigt die Streifenmethode für den ersten Text. Der Klartext *geisenried*, mit einer Verschiebung um 16 springt in die Augen. Die nächsten zwei Klartexte lauten

> *ballhausplatz*
> *feuer* .

Für den Text *HIMY* gibt es schließlich, wie Abb. 104 zeigt, zwei „mögliche" Klartexte *aber* und *nord*. Die Zwischenräume im Codetext a) erleichtern die Entschlüsselung!

Anmerkung:
Die **Eindeutigkeitslänge**, d. h. die Mindestlänge eines Textes, von der ab mit hoher Sicherheit nur ein Klartext möglich ist, beträgt bei Caesar-Verschlüsselung nur etwa 5 Zeichen, siehe C. E. SHANNON: Communication Theory of Secrecy Systems. Bell System Techn. J. **28**, S. 650 bis 715 (1949).

c) Die Häufigkeitsanalyse des Textes liefert keine Anhaltspunkte für eine Caesar-Verschlüsselung, jedoch ergibt die Streifenmethode schon für die ersten vier Zeichen *upon* als einzig „möglichen" Klartext, wodurch die Verschiebung festgelegt ist. Der Klartext lautet:

> *upon this basis i am going to show you how a bunch*
> *of bright young folks did find a champion, a man*
> *with boys and girls of his own, a man of so domina-*
> *ting and happy individuality that youth is drawn to*
> *him as is a fly to a sugar bowl.*

Der Grund für das Versagen der Häufigkeitsanalyse liegt darin, daß im Klartext, entgegen aller Erwartung, kein einziges *e* vorkommt.

Anmerkung:
Der Klartext ist einem Buch (ERNEST VINCENT WRIHGT: Gadsby, Los Angeles: Wetzel Publishing Company 1939) entnommen, das in manierierter Weise ohne jegliches *e* geschrieben ist (sogenanntes Lipogramm).

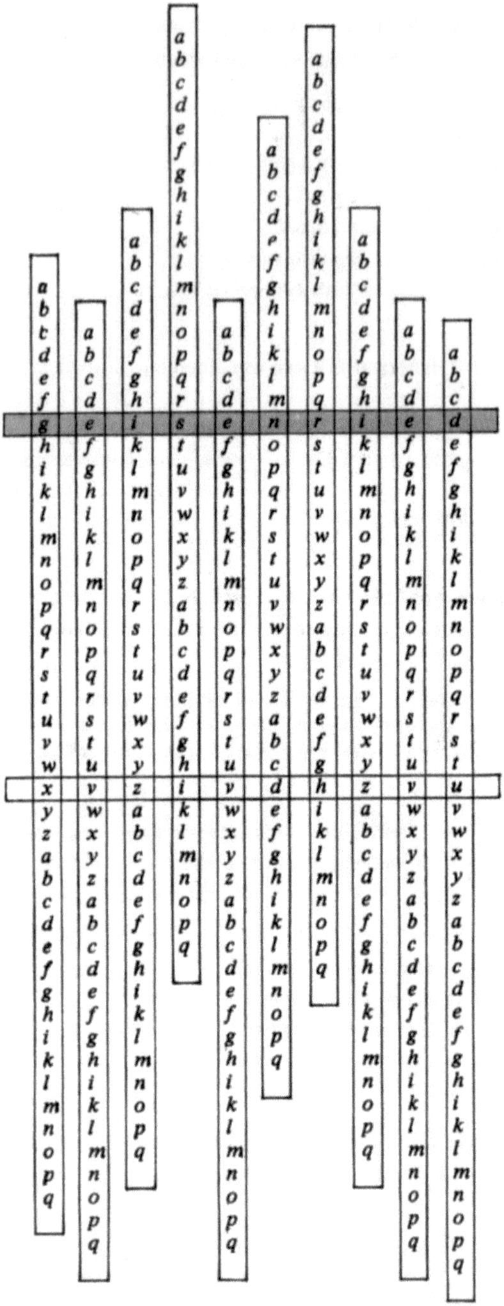

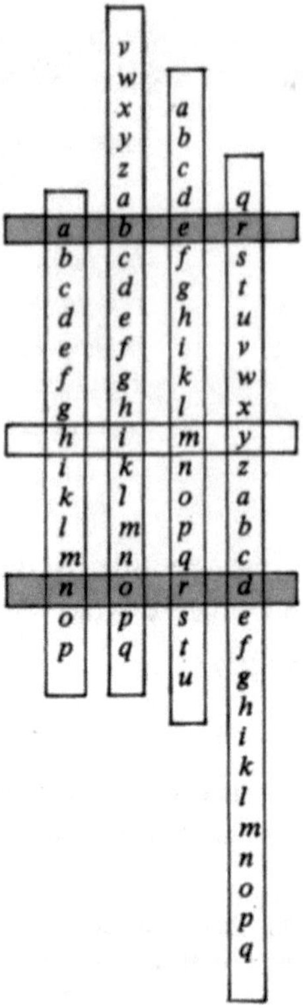

52 Lösungen: 1 Information und Nachricht

Abb. 104. Nicht eindeutige Entschlüsselung

Abb. 103. Streifenmethode

1.1.4 Monoalphabetische Substitution

a) Nach Häufigkeit geordnet ergibt sich für die Codetext-Zeichen (=Ziffernpaare)

  15 (5 mal),
  33 (3 mal),
  24 42 43 44 (je 2 mal),
  12 22 32 52 (je 1 mal).

Die starke Streuung läßt eine monoalphabetische Substitution erwarten, mit

$$e = 15 \text{ und}$$
$$n = 33,$$
$$\{r,i,s,t\} = \{24, 42, 43, 44\}.$$

24 kommt vor 33 33 stehend vor, damit scheiden r,s,t aus:

$$i = 24.$$

Da die Verbindung st häufig, die Verbindung sr äußerst selten ist, bietet sich an

$$\begin{array}{ll} r = 42 & r = 44, \\ s = 43 \text{ oder} & s = 42, \\ t = 44 & t = 43. \end{array}$$

Die letztere Version liefert

 52 24 33 44 15 42 43 15 32 15 43 44 15 42 12 15 22 24 33 33
  i   n   r   e   s   t   e   e   t   r   e   s   e   i   n   n

was keine sinnvolle Ergänzung zuläßt.
Dagegen liefert die erste Version,

 52 24 33 44 15 42 43 15 32 15 43 44 15 42 12 15 22 24 33 33
(w) i   n   t   e   r   s   e (m) e   s   t   e   r (b) e (g) i   n   n

geeignet ergänzt, einen sinnvollen Text.
Die Verschlüsselung kann matrixartig angegeben werden (Quadrat des POLYBIUS)

	1	2	3	4	5
1	a	b	c	d	e
2	f	g	h	i	k
3	l	m	n	o	p
4	q	r	s	t	u
5	v	w	x	y	z

Diese Verschlüsselung ist **quinär** mit der Wortlänge 2.

Lösungen: 1 Information und Nachricht

Anmerkung:
POLYBIUS, griechischer Schriftsteller im 2. Jh. v. Chr., beschreibt eine Methode der Nachrichtenübermittlung durch Fackeln (vgl. BAUER-GOOS II*, S. 184, 185), die auf solcher Verschlüsselung beruht.

b) Wir folgen im wesentlichen POEs Erklärung. Auszählen ergibt:

Zeichen	Anzahl
8	33
;	26
4	19
‡	16
)	16
*	13
5	12
6	11
(	10
†	8
1	8
0	6
9	5
2	5
:	4
3	4
?	3
¶	2
–	1
.	1

Eine erste Vermutung ist $8 = e$, auch wegen der nicht seltenen Verdopplung, und $; = t$. Die Verbindung ;48 könnte dann *the* bedeuten, $4 = h$. Somit ergibt sich für die zweite Hälfte der vorletzten Zeile

....‡9*thet(eeth*(‡?3*hthe*)*h* ,

woraus $(= r$ ins Auge springt. Damit haben wir

‡9*thetreethr*‡?3*hthe*)*h*

und werden auf

$$\ddagger = o$$
$$? = u$$
$$3 = g$$

geführt.

---

* BAUER, F. L., GOOS, G.: Informatik II, Heidelberger Taschenbücher Bd. 91. Berlin-Heidelberg-New York: Springer 1971.

Ähnlich geht man nun mit einigen an anderer Stelle auffälligen Zeichengruppen vor. In der zweiten Zeile findet sich

†83(88 ,

was auf *degree* hinweist, mit †=d. Kurz danach ist ;46(;88* zu finden, was auf *thirteen* deutet und 6=i, *=n liefert. Damit sind bereits zehn Buchstaben gefunden, und die noch fehlenden, a und s, sind unter den häufigen Zeichen)5 zu suchen: Der Anfang

5goodg05))inthe2i)ho.)ho)te0inthede¶i0))eat

läßt 5=a)=s (und 0=l 2=b ¶=v) unschwer ergänzen. Weiter findet man

.=p 1=f 9=m :=y −=c .

Anmerkung:
Was der Klartext bedeutet, ist allerdings eine Sache für sich. Übrigens ist der Codetext reichlich lang. Für eine monoalphabetische Substitution beträgt die Eindeutigkeitslänge (siehe S. 51) nach SHANNON etwa 30.

1.1.5 Transposition

Man schreibt den Codetext in Zweiergruppen (2 Permutationen) und dann in Dreiergruppen (6 Permutationen), ohne Erfolg. Schreibt man ihn in Vierergruppen (a), so „springt" bei einer geeigneten der 24 Permutationen der Klartext heraus.

	(1234)		(4132)
(a)	BREÜ	(b)	ÜBER
	APUH		HAUP
	SEIT		TSIE
	TAMH		HTMA
	DNEN		NDEN
	UASZ		ZUSA
	MNEM		MMEN
	AGNH		HANG
	WSIZ		ZWIS
	HNEC		CHEN
	AHCN		NACH
	IHCR		RICH
	UDNT		TUND
	NOFI		INFO
	MTAR		RMAT
	OBNI		IONB
	SNOE		ESON

56   Lösungen: 1 Information und Nachricht

```
ESRD    DERS
ETUD    DEUT
IHCL    LICH
NEDI    INDE
KYRR    RKRY
TLOP    PTOL
GEIO    OGIE
```

Anmerkung:
Auch für die einfache Transposition in Vierergruppen beträgt die Eindeutigkeitslänge (siehe S. 51) nur etwa 5 Zeichen.

Codeaufbau

1.2.1 Systematischer Code

Es gibt offensichtlich keine. Ein Code, insbesondere wenn er nicht umfangreich ist, kann sehr wohl durch Auflisten gegeben werden.

1.2.2 Lexikographische Ordnung

БРЕЖНЕВ, БЫВАЮТ, БЫВАЮЩИЙ, БЫТЬ, ЖЕНА, ЖИВАГО,
ЗАВТРА, КОСЫГИН, ПОЭТ, ПОЭТОМУ, ХРУЩЕВ,
ЦВЕТ, ЧТО, ЮРИЙ, ЯБЛОКО

Durch das Alphabet A ist eine Ordnung $<$ der Alphabetzeichen gegeben; $s = a_1 a_2 ... a_n$ liegt vor $t = b_1 b_2 ... b_m$ $(a_i, b_j \in A)$ wenn

entweder $n \leq m$ und $a_i = b_i$ für $i = 1, ..., n$
oder   es eine natürliche Zahl $j \leq min(n,m)$ gibt derart, daß $a_i = b_i$ für $i = 1, ..., j-1$ und $a_j < b_j$.

1.2.3 Gestörter Code

Man unterteile den Text, der 44 Zeichen umfaßt, in Fünfer-Gruppen von vorne und von hinten, und entschlüssele diese Gruppen.

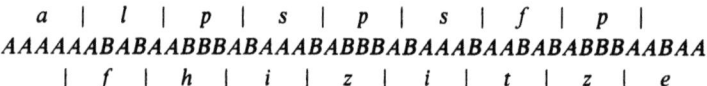

Die Fehlstelle ist dort zu finden, wo sich der von vorne und der von hinten gelesene Text sinnvoll zusammenfügen lassen: es fehlt zwischen dem 25. und 26. Zeichen ein *A*. Der rekonstruierte Code liefert den Klartext *alpspitze*.

Anmerkung:
Das geht hier nur deshalb so glatt, weil am Ende des gestörten Worts und am Anfang des nächsten Worts der gleiche Buchstabe steht. Im allgemeinen wird man an der Störstelle das entschlüsselte Zeichen korrigieren müssen, um einen sinnvollen Text zu bekommen. Störungen und einzelne Fehlstellen können bei der Entschlüsselung des genetischen Codes, der quaternär mit der festen Wortlänge 3 arbeitet, vorkommen und zu Fehlern beim Aufbau der Riesenmoleküle führen. (Vgl. etwa H.G. WITTMANN, H. JOKUSCH: Der genetische Code. In: TH. WIELAND und G. PFLEIDERER (ed.), Molekularbiologie. Frankfurt a.M., Umschau-Verlag 1967.)

1.2.4 Direkte Codierung

Eine direkte Codierung im Sinne von BAUER-GOOS I, S. 32, wie sie die Abb. 30 zeigt, ist keine Lösung: es handelt sich lediglich um die Codierung einer endlichen Anzahl von Zahlen, nämlich $0, 1, 2, \ldots, 2^N - 1$ durch N-stellige Binärworte. Jedoch liegt die Lösung intuitiv nicht fern davon: unterdrückt man in einem N-stelligen direkten Code alle führenden 0, so ergibt sich ein Code mit nicht-gleichlangen Binärworten, und man kann jede Zahl i codieren, wählt man nur N groß genug. Die Worte sind lexikographisch geordnet (siehe Aufgabe *Lexikographische Ordnung*).

Die Abbildung ist jetzt erst implizit definiert, nämlich durch Aneinanderlegen der Folge der nicht-negativen Zahlen und der Folge der Binärworte. Kennt man die Dualdarstellung der Zahlen, so ist die Abbildung trivial: Ist $i = \sum_{\mu=1}^{N} i_\mu 2^{\mu-1}$, wobei $i_N = 1$, so wird ein N-stelliges Binärwort zugeordnet, dessen μ-tes Bit L ist, wenn $i_\mu = 1$ ist, O sonst. Es kommt also nur darauf an, die Dualdarstellung zu suchen. (Ein Algorithmus dafür ist im wesentlichen in BAUER-GOOS I, 2.9.2, zu finden.)

Die Abbildung ist umkehrbar eindeutig, weil die Dualzahldarstellung es ist: Ist $a = \sum_{\mu=1}^{N} i_\mu 2^{\mu-1}$ und $b = \sum_{\mu=1}^{N} i_\mu 2^{\mu-1}$, so ist $a - b = \sum_{\mu=1}^{N} 0 \cdot 2^{\mu-1} = 0$, also $a = b$.

Anmerkung:
Selbstverständlich gibt es auch andere Abbildungen der verlangten Art, z.B. erhält man eine solche, wenn man oben die Rolle von L und O vertauscht. Bei der obigen Abbildung ist der Null das „leere Wort" zugeordnet, den natürlichen Zahlen im engeren Sinn sind nichtleere Worte zugeordnet.

1.2.5 Abgeleitete Binärcodes

Zwei unmittelbare Nachbarn in einem direkten Code haben als Differenz ihrer Zahläquivalente 1. Hat das kleinere Wort als letzte Stelle O, so ändert sich beim Übergang zum größeren Wort diese in L und sonst nichts. Dabei ergibt sich für die beiden letzten Stellen ein Bit-Wechsel, wenn vorher keiner vorlag, und umgekehrt. Im abgeleiteten Wort ändert sich also genau ein Bit, und zwar das letzte. Hat aber das kleinere Wort auf den k letzten Stellen L ($k = 1, 2, \ldots$), auf der $(k+1)$-letzten Stelle O, so werden beim Übergang die k letzten Stellen zu O, die $(k+1)$-letzte zu L. Es kommt also genau ein Wechsel hinzu oder weg, es ändert sich also im abgeleiteten Wort genau ein Bit, und zwar das $(k+1)$-letzte.

Der sich als Ableitung eines direkten Codes ergebende einschrittige Code wird auch als **reflektierter** Code bezeichnet, auf Grund folgender Eigenschaft:

Das Codewort, das im Dualsystem die Zahl x, $x < 2^s$, darstellt, stimmt mit dem Codewort, das die Zahl $(2^s - 1) - x$ darstellt, in allen Stellen bis auf die s-te Stelle überein.

Unter Benutzung der Antivalenz (BAUER-GOOS I, S. 178) gilt (mit $\mathsf{O} \leftrightarrow$ **false**, $\mathsf{L} \leftrightarrow$ **true**)

Damit ist aber auch
$$b_i = a_i \not\equiv a_{i-1}.$$

denn
$$a_i = a_{i-1} \not\equiv b_i,$$

$$\begin{aligned}
b_i \not\equiv a_{i-1} &= (a_i \not\equiv a_{i-1}) \not\equiv a_{i-1} \\
&= a_i \not\equiv (a_{i-1} \not\equiv a_{i-1}) \quad \text{(wegen Assoziativität)} \\
&= a_i \not\equiv \mathsf{O} \\
&= a_i,
\end{aligned}$$

und es ergibt sich rekurrent (beginnend mit $a_0 = \mathsf{O}$) die „Integrationsvorschrift"

$$a_i = \begin{cases} \mathsf{O} & \text{falls } a_{i-1} = b_i, \\ \mathsf{L} & \text{sonst}. \end{cases}$$

Anmerkung:
Der einschrittige Code, der sich als Ableitung des direkten Codes ergibt, wurde für die Zwecke der Puls-Code-Modulation von F. GRAY (US Patent 2632058 vom 17. 3. 1958) vorgeschlagen. Das amerikanische Patentamt kannte offensichtlich die Verwendung einschrittiger Codes durch BAUDOT (1876) nicht.

1.2.6 Gewinnung zyklisch einschrittiger Codes

Die Anordnung der Worte in den 16 Feldern in BAUER-GOOS I, Abb. 31 (auch **Karnaugh-Veitch-Tafel** genannt), ist derart, daß nach Identifizierung des rechten Randes mit dem linken, des oberen Randes mit dem unteren – also mit den Zusammenhangsverhältnissen eines Torus – immer senkrecht oder waagrecht unmittelbar benachbarte Worte einen 1-Bit-Unterschied zeigen. Jeder Weg über eine Folge unmittelbar benachbarter Felder liefert einen einschrittigen Code, jeder geschlossene solche Weg einen zyklisch einschrittigen Code.

Beispiele für einschrittige Codes mit 10 Zeichen finden sich in Abb. 105a.

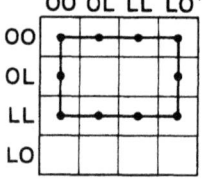
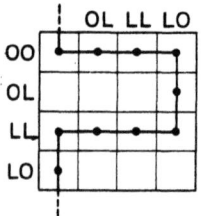
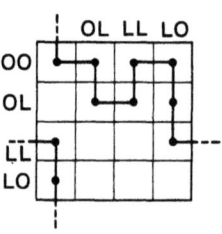

Abb. 105a. Einschrittige 4-Bit-Codes für 10 Zeichen

1.2.7 Kettencode

Solche für einschrittige Codes mit 16 Zeichen in Abb. 105b.

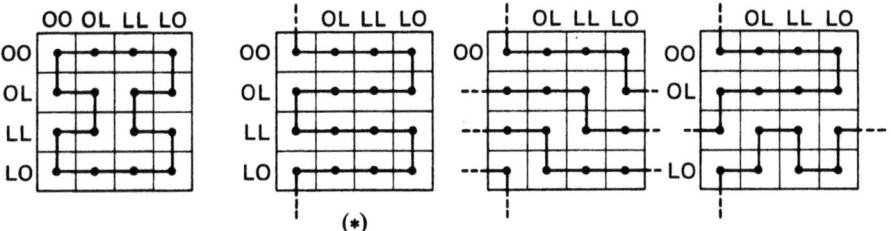

Abb. 105b. Einschrittige 4-Bit-Codes für 16 Zeichen

Der mit (∗) bezeichnete Code ist ein reflektierter Code im Sinne der Aufgabe *Abgeleitete Binärcodes*. Beispiele für einschrittige Codes mit 12 Zeichen sind in Abb. 105c zu finden.

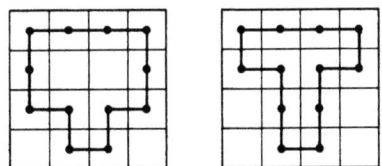

Abb. 105c. Einschrittige 4-Bit-Codes für 12 Zeichen

1.2.7 Kettencode

Von einem Codewort zum nächsten gelangt man, indem man das erste Bit wegläßt und der verbleibenden 3-Bit-Kombination ein Bit hinten anfügt. War die 3-Bit-Kombination noch nicht als Anfang in einem Wort vorgekommen, so hat man zwei Möglichkeiten frei. War aber die 3-Bit-Kombination schon einmal als Anfang eines Wortes vorgekommen, so hat man dasjenige Bit hinzuzufügen, das in diesem Wort nicht letztes Bit war.

Ausgehend etwa von LLLL, kann man so eine Reihe von Zweigen verfolgen, von denen allerdings die meisten verfrüht zur Bitkombination LLLL zurückführen. Die Abb. 106 zeigt einige dieser Wege. Der rechts eingezeichnete ist insofern systematisch, als stets, wenn noch Freiheit herrscht, O gewählt wird.

Die zwei erhaltenen Lösungen

und

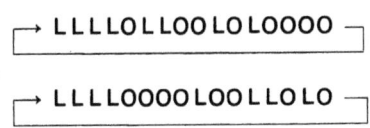

gehen durch O-L-Vertauschung ineinander über.

Anmerkung:
Für die obige systematische Lösung siehe LIPPEL, B. und EPSTEIN, I.: IRE Transactions EC, **6**, S. 121 (Juni 1957).

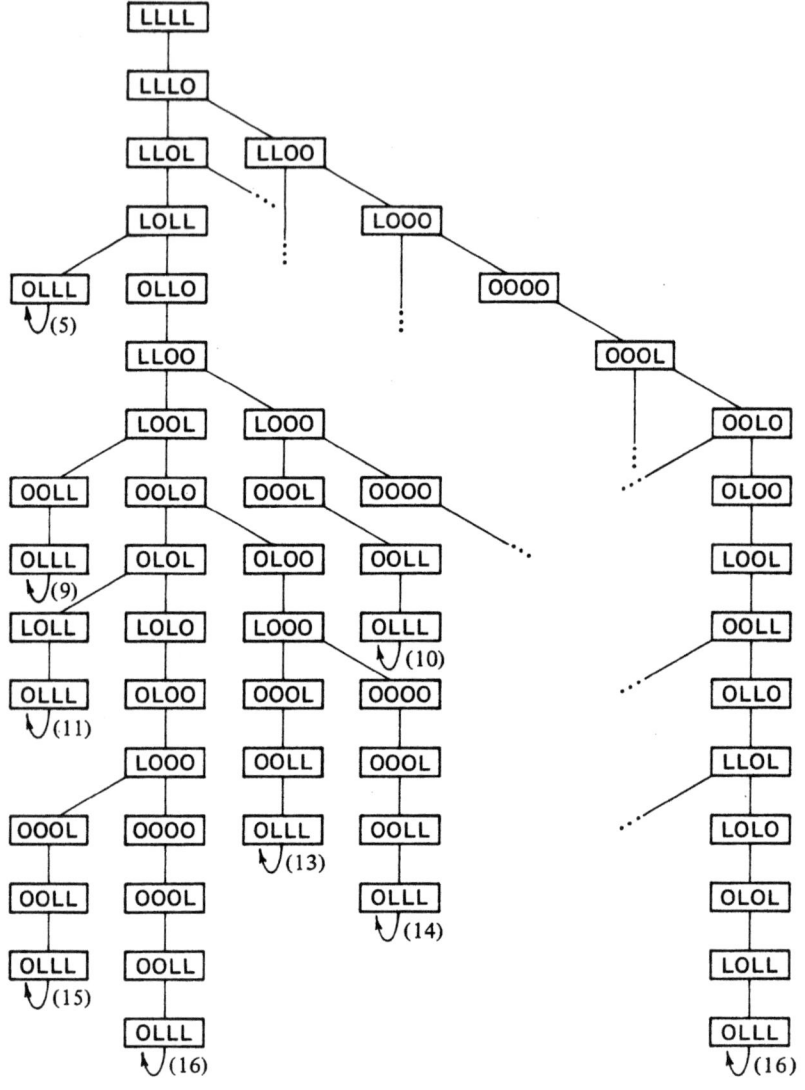

Abb. 106. Aufsuchen eines Kettencodes der Länge 16

1.2.8 Einschrittige Kettencodes

Abb. 107 zeigt das vollständige Übergangsdiagramm für 4-Bit-Kettencodes. Die Aufgabe läuft darauf hinaus, im Graph einen geschlossenen Weg zu finden, der alle Knoten genau einmal berührt, einen sogenannten HAMILTONschen Weg. Über weitere graphentheoretische Einzelheiten siehe BERGE, C.: Graphs and Hypergraphs, Amsterdam-New York: North-Holland 1973.

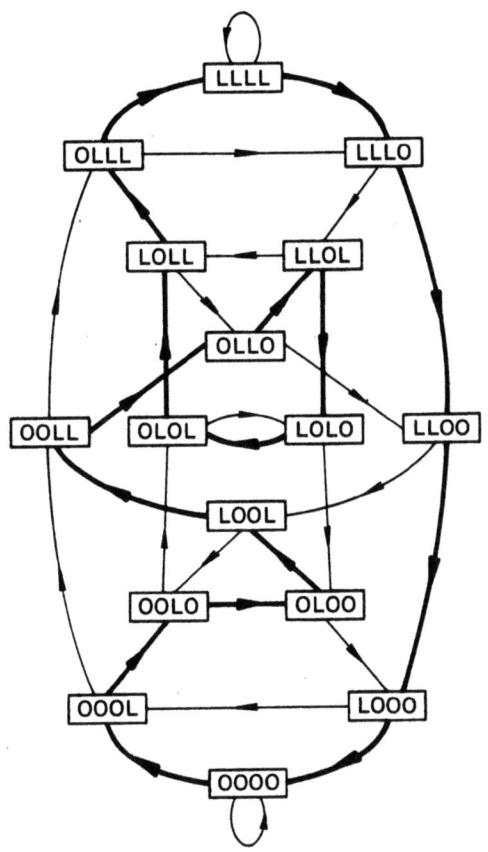

Abb. 107. Vollständiges Übergangsdiagramm für 4-Bit-Kettencodes

1.2.8 Einschrittige Kettencodes

Anstatt die Behauptung durch Probieren zu verifizieren, kann man auch folgendermaßen vorgehen: Die Bitwechsel haben Abstände von $i, i+7, i+10$ und $i+13$ von einer willkürlich herausgegriffenen Stelle. Für jedes i ist von diesen 4 Zahlen genau eine durch 4 teilbar, es kommt also genau ein Wechsel vor.

Anmerkung:
Siehe auch: G. TOOTILL: The use of cyclic-permuted chain-codes for digitizers, Intern. Conf. Inform. Process. Paris 1959, 414–419.

1.2.9 Fano-Bedingung

{LO, L}

Vor jedem L ist eine Fuge.

1.2.10 Code-Entschlüsselung

Den Codebaum zeigt Abb. 108.

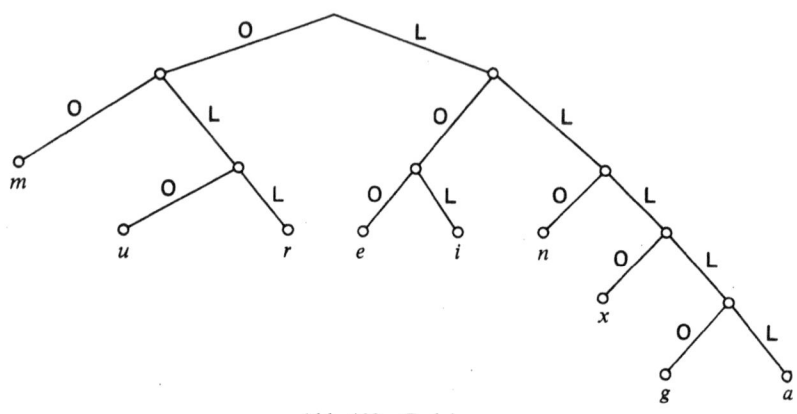

Abb. 108. Codebaum

Die Entschlüsselung ergibt

OO LLLLL LLLO LOL OO OLO OO LLO OLO OO LOO OLL LOL LOO
m   a   x   i   m u   m n   u   m e   r   i   e

OLL OLO LLO LLLO
r   u   n   g

1.2.11 Dual und Sedezimal

a) Die Überführung aus dem Dualsystem ins Sedezimalsystem erfordert lediglich die Zusammenfassung von je vier Bits (ausgehend vom Radixpunkt nach rechts und links) und deren Ersetzung durch die zahläquivalente Sedezimalziffer.

b) Da $4/5 = 0{,}\overline{110011001100}_2$ (die Überstreichung bedeutet periodische Wiederholung), ist

$$4/5 = 0.\overline{CCC}_{16} \quad .$$

Jedoch kann man selbstverständlich auch unmittelbar ins Sedezimalsystem übersetzen:

$$4711 = 1 \cdot 4096 + 2 \cdot 256 + 6 \cdot 16 + 7 \cdot 1 = 1267_{16} \quad .$$

Gelegentlich ist es vorteilhaft, zunächst ein anderes Zahlsystem zu benutzen:

$$1/7 = 0{,}\overline{111}_8 = 0{,}\overline{001001001001}_2 = 0{,}\overline{0010|0100|1001}_2 = 0{,}\overline{249}_{16}\ .$$

c) Nein. Der Größenvergleich kann lexikographisch erfolgen (vgl. *Lexikographische Ordnung*).

d) Aus $\int_0^1 dx/(1+x^2) = \pi/4$ erhält man durch die Simpson-Näherung (vgl. GRAUERT, H., LIEB, I.: Differential- und Integralrechnung I. Funktionen einer reellen Veränderlichen, Heidelberger Taschenbücher, Bd. 26, S. 191. Berlin-Heidelberg-New York: Springer 1973) mit einem Fehler von weniger als $\frac{1}{1920}$

Dies ergibt
$$\pi \approx \frac{8011}{2550}\ .$$

$$8011 - 3 \cdot 2550 = 361,$$
$$16 \cdot 361 - 2 \cdot 2550 = 676,$$
$$16 \cdot 676 - 4 \cdot 2550 = 616,$$
$$16 \cdot 616 - 3 \cdot 2550 = 2206,$$
$$16 \cdot 2206 - 13 \cdot 2550 = 2146,$$
$$16 \cdot 2146 - 13 \cdot 2550 = 1186\ ;$$

$$\pi \approx 3{,}243\mathrm{DD}\ldots_{16}\ ,$$

wobei die 3. Stelle nach dem Punkt noch bis zu 3 Einheiten ($\frac{1}{1920} < 3 \cdot 16^{-3}$) schwanken kann. Also $\pi \approx 3{,}24_{16}$, korrekt gerundet.

Anmerkung:
Tatsächlich gilt $\pi = 3{,}243\mathrm{F6\,A8889\,5}\ldots_{16}$, was man aus $\pi = 3{.}14159\,26535\,8979\ldots$ erhält. Aus $\pi \approx \frac{355}{113}$, das die erstaunlich gute Näherung 3.141593 liefert, erhält man $\pi \approx 3{,}243\mathrm{F7}_{16}$, korrekt gerundet.

LUDOLF VAN CEULEN berechnete kurz vor seinem Tod (1610) 35 Dezimalstellen von π, WILLIAM SHANKS gab (1873) 707 Dezimalstellen an, allerdings fand man 1946, daß von der 528. Dezimalstelle an die Ziffern falsch waren. Inzwischen kennt man über 100000 Dezimalstellen. Merkverse für die Ziffernfolge von π sind in H. TIETZE: Gelöste und ungelöste mathematische Probleme (4. Aufl.), München: Beck 1965, zusammengestellt.

1.2.12 Stellenschreibweise und Radixschreibweise

a) Je nachdem, ob man die zur Darstellung der Komponenten benutzten Ziffernkombinationen als Zeichen betrachtet oder die Einzelziffern, lautet die Antwort

nein   ja   nein   ja

bzw.

nein   nein   nein   ja .

b) 1. 0 bis 15,
2. 0 1 3 4 7 8 10 11 15 16 18 19 22 23 25 26,
3. 0 bis 11, wobei 3, 5, 6 und 8 doppelt auftreten.

c) Das Weglassen der erwähnten Kombinationen bringt keine Einbuße – wegen $\gamma_i + \gamma_{i+1} = \gamma_{i+2}$ kann jedes Teilwort

$$\underbrace{01111\ldots1}_{2k} \quad \text{durch} \quad \underbrace{1010\ldots100}_{2k}$$

ersetzt werden. Sei nun für eine gegebene Zahl n

$$\gamma_i \leq n < \gamma_{i+1}.$$

Dann gilt

$$0 \leq n - \gamma_i < \gamma_{i+1} - \gamma_i$$

$$n - \gamma_i < \gamma_{i-1}.$$

Die Überführung in die gewünschte Zahldarstellung durch sukzessive Subtraktion ist also stets möglich.
Die Abbildung ist umkehrbar.

Anmerkung:
Die größte mit k Stellen darstellbare Zahl ist $\sum_{\mu=1}^{k} \gamma_\mu = \gamma_{k-2} - 2$, was sich durch Induktion sofort beweisen läßt.

Es gibt noch eine Reihe einfacher, aber überraschender Eigenschaften der Fibonacci-Folge, wie etwa

$$\gamma_i^2 - \gamma_{i-1}\gamma_{i+1} = (-1)^i \quad \text{oder}$$
$$\gamma_{i+2}^2 - \gamma_{i+1}^2 = \gamma_{i+3}\gamma_i \quad \text{oder}$$
$$\gamma_{i+4} - 3\gamma_{i+2} + \gamma_i = 0.$$

1.2.13 Darstellung negativer Zahlen

a) Mit $N = 24$ ist (vgl. BAUER-GOOS I, S. 196) die größte darstellbare Zahl

$$2^{23} - 1 = 8\,388\,607$$

die kleinste

$$-2^{23} = -8\,388\,608.$$

b) 1. 15,
2. $(2^{23} + 15) - 2^{24} = 15 - 2^{23} = -(2^{23} - 15) = -8\,388\,593$,
3. Stellenkomplement von 1., also -16,
4. echtes Komplement von 1., also -15,
5. Stellenkomplement der Null, also -1,
6. $-8\,388\,608$.

Informationstheorie und Codesicherung

1.3.1 Entropieformel

Da die Funktion symmetrisch in allen Argumenten ist, kann das Maximum nur dort sein, wo $p_1 = p_2 = \cdots = p_n$, da es andernfalls mehrere Maxima gäbe. Daraus folgt

$$p_i = \frac{1}{n} \quad (i=1,2,\ldots,n).$$

Anmerkung:
Der Wert des Maximums beträgt $\operatorname{ld} n$.
Der vollständige Beweis erfordert Hilfsmittel der Analysis, siehe etwa GRAUERT, H., FISCHER, W.: Differential- und Integralrechnung II, Heidelberger Taschenbücher, Bd. 36, S. 70. Berlin-Heidelberg-New York: Springer 1968.

1.3.2 Systematische Codierungsverfahren

a) Die mittlere Wortlänge, $\sum_{i=1}^{m} n_i p_i$, läßt sich umformen zu ($n_0 = 0$)

$$n_m \cdot \sum_{i=1}^{m} p_i + \sum_{i=1}^{m-1} (n_i - n_m) p_i$$
$$= n_m s_m + (n_{m-1} - n_m) \sum_{i=1}^{m-1} p_i + \sum_{i=1}^{m-2} (n_i - n_{m-1}) p_i$$
$$= n_m s_m + (n_{m-1} - n_m) s_{m-1} + (n_{m-2} - n_{m-1}) s_{m-2} + \ldots (n_1 - n_2) s_1$$
$$= \sum_{\mu=1}^{m} (n_\mu - n_{\mu+1}) s_\mu, \quad \text{wobei} \quad n_{m+1} = 0$$

(vgl. BERGER, E.: Nachrichtentheorie und Codierung. In: Taschenbuch der Nachrichtenverarbeitung, 2. Auflage (Hrsg. K. Steinbuch), S. 71. Berlin-Heidelberg-New York: Springer 1967; die 3. Auflage erschien unter dem Titel: Taschenbuch der Informatik, Band 1–3. Berlin-Heidelberg-New York: Springer 1974).

b) Es sei x_i ein Codewort der Länge n_i, das aus der Dualentwicklung von s_i entsteht. Dann ist $p_i \geq 2^{-n_i}$, und $s_i \geq s_{i-1} + 2^{-n_i}$. Die Dualentwicklung von s_i unterscheidet sich also von der von s_{i-1} (und erst recht von $s_{i-2}, s_{i-3} \ldots$) innerhalb der ersten n_i Stellen. Da die Codewörter $x_{i-1}, x_{i-2}, \ldots$ mindestens n_i Stellen haben, unterscheiden sie sich von x_i und haben auch x_i nicht als Anfang (s. a. C.E. SHANNON, Math. Theory of Comm., S. 29, Urbana 1949).

c) Nach FANO:

	p_i	s_i		Code
		0.000		
e	0.028		0.112	OOOO
		0.028		
d	0.062		0.248	OOOL
		0.090		
c	0.125		0.375	OOL
		0.215		
b	0.287		0.574	OL
		0.502		
a	0.498		0.498	L
		1.000		$\overline{1.807} = 0.090 + 0.215 + 0.502 + 1.000$

Lösungen: 1 Information und Nachricht

Nach SHANNON:

p_i		s_i	n_i	Dualentwicklung	Code	
e	0.028	0.000	6	0.000001|110...	OOOOOL	0.168
d	0.062	0.028	5	0.00010|1110...	OOOLO	0.310
c	0.125	0.090	3	0.001|10111...	OOL	0.375
b	0.287	0.215	2	0.10|00000...	LO	0.574
a	0.498	0.502	2	0.11|11111...	LL	0.996
		1.000		$0.028 + 2 \times 0.090 + 0.215 + 2 \times 1.000 = \overline{2.423}$		

Nach HUFFMAN:

e	0.028 ⎫ f	f	0.090 ⎫ g	g	0.215 ⎫ h	a	0.498 ⎫
d	0.062 ⎭	c	0.125 ⎭	b	0.287 ⎭	h	0.502 ⎭
c	0.125	b	0.287	a	0.498		
b	0.287	a	0.498				
a	0.498						

Es ergibt sich

e	LOOO
d	LOOL
c	LOL
b	LL
a	O

ebenfalls mit der mittleren Wortlänge 1.807

Anmerkung:
H errechnet sich zu 1.7859.

1.3.3 Paarcodierung

a) $0.7 \times \text{ld} \frac{1}{0.7} + 0.2 \times \text{ld} \frac{1}{0.2} + 0.1 \times \text{ld} \frac{1}{0.1} = 0.3602 + 0.4644 + 0.3322 = 1.1568\ldots$

b)

Zeichen	Wahrscheinlichkeit	Code	
A	0.7	O	0.7×1
B	0.2	LO	0.2×2
C	0.1	LL	0.1×2
		mittlere Wortlänge	$\overline{1.3}$

c) Die mittlere Wortlänge beträgt das Doppelte der vorstehenden. Zum Vergleich mit d)

Zeichen	Wahrscheinlichkeit	Code	
AA	0.49	OO	0.98
AB	0.14	OLO	0.42
AC	0.07	OLL	0.21
BA	0.14	LOO	0.42
BB	0.04	LOLO	0.16
BC	0.02	LOLL	0.08
CA	0.07	LLO	0.21
CB	0.02	LLLO	0.08
CC	0.01	LLLL	0.04
		mittlere Wortlänge	2.6

d)

Zeichen	Wahrscheinlichkeit	Code	
AA	0.49	O	0.49
AB	0.14	LOO	0.42
AC	0.07	LOLO	0.28
BB	0.04	LOLL	0.16
BA	0.14	LLO	0.42
CA	0.07	LLLO	0.28
BC	0.02	LLLLO	0.10
CB	0.02	LLLLLO	0.12
CC	0.01	LLLLLL	0.06
		mittlere Wortlänge	2.33

Anmerkung:
Die Annäherung von 2.33/2 = 1.165 an den Grenzwert 1.1568 ist bereits recht gut, sie würde für praktische Zwecke völlig ausreichen.

1.3.4 Sinnloser Text

Benutzt man etwa Goethes Faust, Erster Teil, und beginnt man mit der Szene in Marthens Garten,

Marthens Garten.
Margarete. Faust.

Margarete. Versprich mir, Heinrich!
Faust. Was ich kann!
Margarete. Nun sag', wie hast du's mit der Religion?
Du bist ein herzlich guter Mann,
Allein ich glaub', du hältst nicht viel davon.
Faust. Laß das, mein Kind! Du fühlst, ich bin dir gut;
Für meine Lieben ließ' ich Leib und Blut,
Will niemand sein Gefühl und seine Kirche rauben.
Margarete. Das ist nicht recht, man muß dran glauben!

Fauſt. Muß man?
Margarete. Ach, wenn ich etwas auf dich könnte!
Du ehrſt auch nicht die heil'gen Sakramente.
Fauſt. Ich ehre ſie.
Margarete. Doch ohne Verlangen.
Zur Meſſe, zur Beichte biſt du lange nicht gegangen.
Glaubſt du an Gott?
Fauſt. Mein Liebchen, wer darf ſagen:
Ich glaub' an Gott?
Magſt Prieſter oder Weiſe fragen,
Und ihre Antwort ſcheint nur Spott
Über den Frager zu ſein.
Margarete. So glaubſt du nicht?
Fauſt. Mißhör' mich nicht, du holdes Angeſicht!
Wer darf ihn nennen?
Und wer bekennen:
Ich glaub' ihn?
Wer empfinden
Und ſich unterwinden
Zu ſagen: ich glaub' ihn nicht?
Der Allumfaſſer,
Der Allerhalter,
Faßt und erhält er nicht
Dich, mich, ſich ſelbſt?
Wölbt ſich der Himmel nicht da droben?
Liegt die Erde nicht hier unten feſt?
Und ſteigen freundlich blickend
Ewige Sterne nicht herauf?
Schau' ich nicht Aug' in Auge dir,
Und drängt nicht alles
Nach Haupt und Herzen dir
Und webt in ewigem Geheimnis
Unſichtbar ſichtbar neben dir?

so ergibt sich der synthetische Text

VEICHANN.ICH.UT.RAUßH.DESIN.SSICHTESTE.HAUGT.NDINICH ,

der nur noch einen schwachen Abglanz der Sprachgewalt des Dichters zeigt.

1.3.5 Tripelcodierung

Zeichen	Wahrscheinlichkeit	Code	
aaa	0.512	O	0.512
aab	0.128	LOO	0.384
aba	0.128	LOL	0.384
baa	0.128	LLO	0.384
abb	0.032	LLLOO	0.160
bab	0.032	LLLOL	0.160
bba	0.032	LLLLO	0.160
bbb	0.008	LLLLL	0.040
		mittlere Wortlänge	2.184

Die Annäherung $2.184/3 = 0.728$ ist zu vergleichen mit dem Grenzwert

$$H = 0.8 \, \text{ld} \, \frac{1}{0.8} + 0.2 \, \text{ld} \, \frac{1}{0.2}$$

$$= 0.2575 + 0.4644 = 0.7219$$

1.3.6 Textergänzung

Die Texte lauten

Die Leute die niemals Zeit haben tun am wenigsten. (LICHTENBERG)
Fact is stronger than fiction.

Nach der Hypothese käme man im Deutschen mit 20 Konsonanten aus, so daß (ohne Berücksichtigung der Zeichenhäufigkeit) der mittlere Informationsgehalt eines Konsonanten mit ld $21 = 4.39$ bit/Zeichen nach oben abgeschätzt werden kann.

Will man aber die Häufigkeit der Konsonanten berücksichtigen, so muß man diese aus BAUER-GOOS I, S. 46, Tabelle 4, neu berechnen. Man erhält

	Wahrscheinlichkeit in der deutschen Sprache	Wahrscheinlichkeit p_i innerhalb der Konsonanten	$-p_i \, \text{ld} \, p_i$
n	0.0884	0.1663	0.431
r	0.0686	0.1290	0.381
s	0.0539	0.1014	0.335
t	0.0473	0.0890	0.311
d	0.0439	0.0826	0.297
h	0.0436	0.0820	0.296
l	0.0293	0.0551	0.230
c	0.0267	0.0502	0.217
g	0.0267	0.0502	0.217
m	0.0213	0.0401	0.186
b	0.0160	0.0301	0.152
z	0.0142	0.0267	0.139
w	0.0142	0.0267	0.139
f	0.0136	0.0256	0.135
k	0.0096	0.0181	0.104
v	0.0074	0.0139	0.086
p	0.0050	0.0094	0.063
j	0.0016	0.0030	0.025
y	0.0002	0.0004	0.005
q	0.0001	0.0002	0.002
x	0.0001	0.0002	0.002
	0.5317		3.753

70 Lösungen: 1 Information und Nachricht

Es ergibt sich 3.75 bit/Zeichen. Für die deutsche Sprache erhält man so $H \leq 3.75$.

Anmerkung:
Kenner können auch Schnrzlwtzr eindeutig ergänzen. Um die korrekte Ergänzung von Wzlwng hat sich FRITZ VON HERZMANOVSKY-ORLANDO in dem Lustspiel „Kaiser Joseph und die Bahnwärterstochter" Verdienste erworben.

1.3.7 Leuchtfeldanzeige

a) Die Darstellungen in Abb. 109 sind akzeptabel.

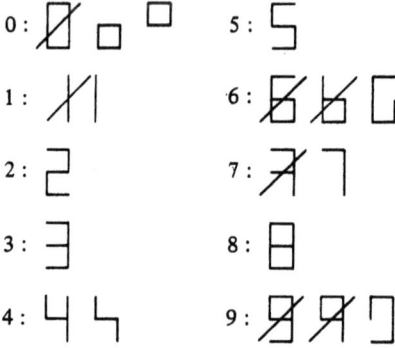

Abb. 109. Akzeptable Zifferndarstellungen mit Leuchtstäben

Daß für 3 nur eine Darstellung vorliegt, verdrängt die erste Darstellung für 7, die nur Hamming-Abstand 1 hätte, und die erste Darstellung für 9. Ebenso verdrängt die einzige Darstellung für 8 die erste Darstellung für 0, die einzige Darstellung für 5 die erste Darstellung für 6. Die verbleibende Darstellung für 7 verdrängt die erste Darstellung für 1. Spiegelbildliche Darstellungen für 6 und 9 sind mit der verbleibenden Darstellung für 0 nur verträglich, wenn die beiden zweiten Darstellungen fallen gelassen werden. Es verbleibt die Codierung

```
0:  OOOLLLL
1:  OLOOLOO
2:  LOLLLOL
3:  LOLLOLL
4:  OLLLOLO
5:  LLOLOLL
```

1.3.7 Leuchtfeldanzeige

```
6:  L LOO L L L
7:  LO LOO LO
8:  L L L L L L L
9:  L L LOO L L
```

mit Hamming-Abstand 2.
b) Eine mögliche Lösung ist in Abb. 110 zusammengestellt,

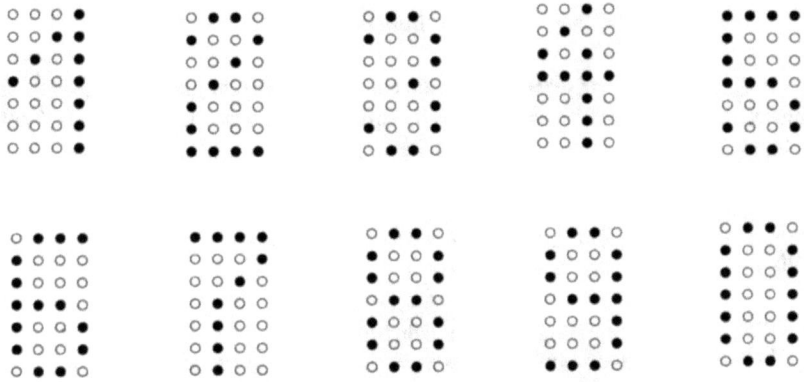

Abb. 110. Zifferndarstellung im Lampenfeld

mit dem Hamming-Abstand 3 (für das Paar 3,8).
c) Eine mögliche Lösung ist in Abb. 111a angegeben.

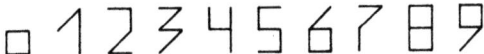

Abb. 111a. Zifferndarstellung mit Schreibschablone

Die tatsächlich benutzte Codierung zeigt Abb. 111b.

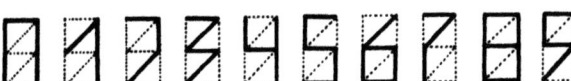

Abb. 111b. Benutzte Zifferndarstellung für Postleitzahlen

1.3.8 Hamming-Abstand eines Codes

a) 7

b) OOL
OLO
LOO
LLL

1.3.9 Bauer-Code

Es sei A_g die Menge der Codeworte a, die eine gerade Anzahl und A_u die Menge derjenigen, die eine ungerade Anzahl von L enthalten. A_g bzw. A_u hat den Hamming-Abstand 2.

Falls $a_1, a_2 \in A_g$: $\quad d(a_1 a_1, a_2 a_2) \geq 2 \cdot 2 = 4$.
Falls $a_1, a_2 \in A_u$: $\quad d(a_1 \bar{a}_1, a_2 \bar{a}_2) \geq 2 \cdot 2 = 4$.
Falls $a_1 \in A_u, a_2 \in A_g$: $d(a_1 \bar{a}_1, a_2 a_2) = d(a_1, a_2) + d(\bar{a}_1, a_2) = n$.

Somit beträgt der Hamming-Abstand $min(4, n)$.
Wenn die „Summe" zweier Codeworte a, b durch $a+b$ bezeichnet wird, gilt: $\bar{a} + b = \overline{a+b}$. Wegen $(\bar{\bar{a}}) = a$ gilt dann auch $\bar{a} + \bar{b} = a + b$. Damit ist alles gezeigt.

Anmerkung:
Für die Berechnung des Hamming-Abstands siehe auch F. HENNIG, Nachrichtentechn. Z. **9**, 341–348 (1956).

Nachrichtenverarbeitung

1.4.1 Keine Abbildung

$$\text{Sei } \nu: \begin{array}{c} 1 \to 1 \\ 2 \not\to 2 \\ 3 \nearrow \\ 4 \end{array} \qquad \alpha: \begin{array}{c} 1 \to \mathrm{I} \\ 2 \to \mathrm{II} \\ 3 \to \mathrm{III} \\ 4 \nearrow \end{array} \qquad \alpha': \begin{array}{c} 1 \to \oplus \\ 2 \to \ominus \end{array}$$

Es entsteht

$$\sigma: \begin{array}{c} \mathrm{I} \\ \mathrm{II} \not\!\!\!\nearrow \begin{array}{c} \oplus \\ \ominus \end{array} \\ \mathrm{III} \end{array}$$

1.4.3 Wirkungsweise des Schiffchens 73

1.4.2 Projektionsalgorithmus

WER∗ANDERN∗EINE∗GRUBE∗GRÄBT
αWER∗ANDERN∗EINE∗GRUBE∗GRÄBT
αER∗ANDERN∗EINE∗GRUBE∗GRÄBT
αR∗ANDERN∗EINE∗GRUBE∗GRÄBT
α∗ANDERN∗EINE∗GRUBE∗GRÄBT
βANDERN∗EINE∗GRUBE∗GRÄBT
βNDERN∗EINE∗GRUBE∗GRÄBT
βDERN∗EINE∗GRUBE∗GRÄBT
βERN∗EINE∗GRUBE∗GRÄBT
βRN∗EINE∗GRUBE∗GRÄBT
βN∗EINE∗GRUBE∗GRÄBT
β∗EINE∗GRUBE∗GRÄBT
γEINE∗GRUBE∗GRÄBT
γINE∗GRUBE∗GRÄBT
γNE∗GRUBE∗GRÄBT
γE∗GRUBE∗GRÄBT
γ∗GRUBE∗GRÄBT
δGRUBE∗GRÄBT
GδRUBE∗GRÄBT
GRδUBE∗GRÄBT
GRUδBE∗GRÄBT
GRUBδE∗GRÄBT
GRUBEδ∗GRÄBT
GRUBEωGRÄBT
GRUBEωRÄBT
GRUBEωÄBT
GRUBEωBT
GRUBEωT
GRUBEω
GRUBE

Der Algorithmus blendet aus dem vorgelegten Wort das Teilwort aus, das zwischen dem dritten und dem vierten ∗ steht – vorausgesetzt, das vorgelegte Wort enthält mindestens vier ∗.

1.4.3 Wirkungsweise des Schiffchens

Der Algorithmus bildet zu einem Binärwort die Ableitung (im Sinne der Aufgabe *Abgeleitete Binärcodes*), gestützt auf das Hin- und Herwechseln zwischen α und β.

Anmerkung:
Hilfszeichen wie α und β, die, über die Breite des Wortes „fahrend", den „Angriffspunkt" der Regeln verschieben, werden in Anlehnung an Weberschiffchen als Schiffchen bezeichnet (engl. *shuttle*). Andere Hilfszeichen, die nur die Funktion haben, gewisse Stellen des bearbeiteten Worts zu markieren, werden im Unterschied dazu als Markierungen bezeichnet (vgl. Aufgabe *Markov-Addition*, Lösung b)).

Der Ablauf eines Markov-Algorithmus ist gut überschaubar, wenn er, wie der obige, die Eigenschaft hat, daß das bearbeitete Wort jeweils höchstens ein Schiffchen enthält, da dann die Anwendung aller Regeln ausgeschlossen ist, deren linke Seiten andere Schiffchen enthalten.

1.4.4 Markov-Addition

a) Über dem Zeichenvorrat $\{|, +\}$ wird die Addition sukzessive durchgeführt durch Anwendung der Regel

$$+\,|\,|\;\rightarrowtail\;|+|$$

bis der zweite Addend 0 ist. Anschließend wird durch die Regel

$$+\,|\;\rightarrowtail\,.$$

das Zeichen + und die überflüssige 0 beseitigt.

Anmerkung:
Die erste Regel könnte auch lauten

$$+\,|\;\rightarrowtail\,|+$$

wenn die Endregel zu

$$|\,+\;\rightarrowtail\,.$$

abgeändert wird. Dabei geht allerdings der Sinn etwas verloren. Dies ist um so mehr der Fall, wenn man den Markov-Algorithmus betrachtet, der nur aus der Endregel

$$|\,+\;\rightarrowtail\,.$$

oder auch

$$+\,|\;\rightarrowtail\,.$$

besteht.

b) Durch den folgenden Markov-Algorithmus wird über dem Alphabet $\{O, L, +\}$ jedes Wort $D_1 + D_2$ in ein Wort D umgeformt, wobei D_1, D_2 und D Dualzahlen sind und D die Summe von D_1 und D_2 ist. Zur Abkürzung werden x und y stellvertretend für beliebige Zeichen des Teilalphabets $A = \{O, L\}$ (ohne +) verwendet. Eine Regel, die solche „Variablen" enthält, ist als eine Reihe von Regeln aufzufassen, die durch alle möglichen Substitutionen von Zeichen aus A für diese Variablen (in lexikographischer Reihenfolge) entstehen. Die Hilfszeichen α, β, γ, δ bezeichnen Schiffchen,

1.4.4 Markov-Addition

und *, # Markierungen (s. Aufgabe *Wirkungsweise des Schiffchens*, Anmerkung zur Lösung).

$\alpha x \# y \rightarrowtail \# x y$ } Addition von O auf die durch #
$\alpha \# y \rightarrowtail \# O y$ } markierte Stelle y mit Vorrücken von #
$\alpha x \rightarrowtail x \alpha$ Hinfahren zur Additionsstelle

$\beta x \# O \rightarrowtail \# x L$
$\beta O \# L \rightarrowtail \# L O$ Addition von L auf die durch #
$\beta L \# L \rightarrowtail \gamma \# O O$ markierte Stelle mit Vorrücken
$\beta \# O \rightarrowtail \# O L$ von #
$\beta \# L \rightarrowtail \# L O$
$\beta x \rightarrowtail x \beta$ Hinfahren zur Additionsstelle

$O \gamma \rightarrowtail L$
$L \gamma \rightarrowtail \gamma O$ } Übertrag von L-Addition
$* \gamma \rightarrowtail * L$

$\delta x \rightarrowtail x \delta$ } Hinfahren zum Ende von D_2 und
$x \delta \rightarrowtail \# x$ Markieren der letzten Stelle

$O * \rightarrowtail * \alpha$ } Erzeugen von α oder β aus jeweils
$L * \rightarrowtail * \beta$ nächster Stelle von D_1

$\# \rightarrowtail$
$* \rightarrowtail .$ } Schluß

$+ \rightarrowtail * \delta$ Start

2. Kapitel

Begriffliche Grundlagen der Programmierung

Objekte und Formeln

2.1.1 Ein Geflecht

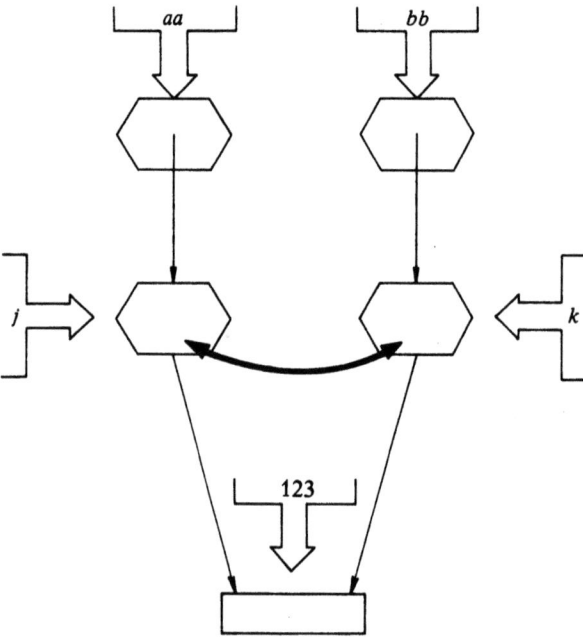

Abb. 112. Ein Geflecht

Die Namen mit den Bezeichnungen j und k besitzen den *gleichen* Wert, beide beziehen sich auf dasselbe Objekt.

2.1.2 Punkt auf der Kugel

$$(x-a)\uparrow 2+(y-b)\uparrow 2+(z-c)\uparrow 2=r\uparrow 2 \quad .$$

Anmerkung:
Unter Vorwegnahme der Standardfunktion *sqrt* (BAUER-GOOS I, S. 90) könnte man direkt den Abstand mit *r* vergleichen. Die obige Form ist jedoch nicht nur wegen des geringeren Rechenaufwandes, sondern auch im Hinblick auf Genauigkeit vorteilhafter.

2.1.3 Überflüssige Klammern

not (**odd** (22 + 1) ∨ **abs conj** ((3 − 7) **i** (2 × 5)) ≥ **abs** (3 **i** (5/2 × 8)) × **sign** − 12)

Anmerkung:
Beim Aufbrechen von Formeln (BAUER-GOOS I, S. 145) wird gezeigt, daß sich bei Verwendung der polnischen Schreibweise alle Klammern beseitigen lassen:

not ∨ **odd** + 22 1 ≥ **abs conj** **i** − 3 7 × 2 5
× **abs i** 3 × /5 2 8 **sign** − 12 .

Man beachte, daß hier jedoch die Reihenfolge der Operationen (und zwar der zweistelligen) nicht erhalten geblieben ist.

2.1.4 Ergebnisse von Formeln

a)   **abs bin** (5 + 7) ≙ **abs bin** 12 ≙ **abs** LLOO ≙ 12 ,
b)   **abs** (**bin** 5 ∨ **bin** 7) ≙ **abs** (LOL ∨ LLL) ≙ **abs** LLL ≙ 7 ,
c)   **abs** (**bin** 5 + 7) ≙ **abs** (LOL + 7) .

Die Operation + ist nicht erklärt für Linksoperanden der Art **bits** und Rechtsoperanden der Art **int**.

Anmerkung:
In ALGOL 68 könnte jedoch mit dem Mittel der Einführung neuer Operationen eine solche Operation definiert werden. Vgl. BAUER-GOOS II, S. 162.

d) Die Formel ist fehlerhaft, da die Operation **odd** einen Operanden der Art **int** verlangt, die Operation **im** aber ein Ergebnis der Art **real** liefert.

e)   ... ≙ **not** ($\sqrt{1.01}$ > 0.003 − 4 + 0.5) **or**
            (0.5 + 4 − 0.003 ≥ $\sqrt{1.01}$)
           ≙ **not true or true** ≙ **true** .

Anmerkung:
$\sqrt{a}$ (*a* ≥ 0, *reell*) wäre nach BAUER-GOOS I, S. 90, als *sqrt(a)* zu schreiben, wenn die tatsächliche Berechnung ausgedrückt werden soll.

2.1.5 Namensvergleich

Die Formeln liefern der Reihe nach die Ergebnisse

           `false true true true true` .

78 Lösungen: 2 Begriffliche Grundlagen der Programmierung

a) i und j sind verschiedene Namen. Sie könnten sich auch auf verschiedene Objekte beziehen.
b) Die Namen i und j beziehen sich in der gegebenen Situation auf dasselbe Objekt. Es gilt daher **cont** $i =$ **cont** j.
c) Die Namen i und k besitzen den gleichen Wert.
d) Sie beziehen sich daher stets auf dasselbe Objekt.
e) Das primitive Objekt 5, auf das sich i bezieht, besitzt den gleichen Wert wie das primitive Objekt l.

2.1.6 Bedingte Boolesche Formeln

a	b	ρ_a	ρ_b	ρ_c	ρ_d
true	true	true	true	true	true
true	false	false	true	false	false
false	true	false	true	true	false
false	false	false	false	true	true

Anmerkung:
Danach liefert die unter a) definierte Operation die **Konjunktion** (mit ∧ oder **and** bezeichnet), die unter b) definierte die **Disjunktion** (mit ∨ oder **or** bezeichnet). Die unter c) definierte Operation heißt **Subjunktion**, die unter d) definierte **Bisubjunktion**. Dies setzt allerdings voraus, daß die Operanden dieser Operationen definiert sind. Weil aber in gewissen Fällen die Prüfung eines der Operanden entfällt, funktioniert etwa

if $x \neq 0$ **then** $1/x = 2$ **else false fi**

auch noch, wenn x den Inhalt 0 hat, während

$$x \neq 0 \wedge 1/x = 2$$

in diesem Fall versagt. Die unter a) stehende Operation, von J. MCCARTHY 1960 als „sequentielle Konjunktion" eingeführt, umfaßt zwar die Konjunktion, ist ihr aber nicht äquivalent. Vgl. auch BAUER-GOOS I, 3.1.4, insbesondere S. 149 Fußnote[6]. Die Subjunktion wird oft fälschlicherweise auch Implikation genannt. Siehe DIN 5474 (Entwurf September 1970), Zeichen der mathematischen Logik (Beuth-Vertrieb, Berlin).

2.1.7 Polygonzug

Es seien $z_0, z_1, z_2, z_3, z_4, z_5$ Objekte der Art **compl**, t ein Objekt der Art **real**. Die Formel lautet:

if $0.0 < t \wedge t \leq 0.2$ **then** $z0 + 5 \times t \times (z1 - z0)$
elsf $0.2 < t \wedge t \leq 0.4$ **then** $z1 + (5 \times t - 1) \times (z2 - z1)$
elsf $0.4 < t \wedge t \leq 0.6$ **then** $z2 + (5 \times t - 2) \times (z3 - z2)$
elsf $0.6 < t \wedge t \leq 0.8$ **then** $z3 + (5 \times t - 3) \times (z4 - z3)$
elsf $0.8 < t \wedge t \leq 1.0$ **then** $z4 + (5 \times t - 4) \times (z5 - z4)$
else $z0$ **fi**

oder:

> **case entier** $(t \times 5 - epsilon) + 1$
> **in** $z0 + 5 \times t \times (z1 - z0)$,
> $z1 + (5 \times t - 1) \times (z2 - z1)$,
> $z2 + (5 \times t - 2) \times (z3 - z2)$,
> $z3 + (5 \times t - 3) \times (z4 - z3)$,
> $z4 + (5 \times t - 4) \times (z5 - z4)$
> **out** $z0$ **esac** .

Anmerkung:
epsilon steht hier für die kleinste auf der gegebenen Rechenanlage darstellbare numerischreelle Zahl, die größer als Null ist. Durch diesen Kunstgriff wird in angemessener Weise berücksichtigt, daß die Intervalle, in die das Intervall (0,1] aufgeteilt wird, linksseitig offen sind. *epsilon* hängt nicht zuletzt von der Verarbeitungsbreite (vgl. BAUER-GOOS I, S. 194) oder der Wortlänge der gegebenen Rechenanlage ab. Da sowohl Verarbeitungsbreite als auch Wortlänge von Anlage zu Anlage variieren können, ist die Formel nicht ohne weiteres von einer Anlage zur anderen verpflanzbar.

2.1.8 Indirekte Zuweisungen I

Die Antworten lauten der Reihe nach:

> *falsch falsch falsch richtig falsch richtig* .

Der Vergleich liefert **true**, weil die Namen mit den Bezeichnungen i und j den gleichen Wert besitzen, also stets dasselbe (primitive) Objekt der Art **int** zum Inhalt haben. Daher gilt nach Ausführung von $j := j - 1$ mit $j = 1$ (d.h. **cont** $j = 1$) auch $i = 1$. Durch die Zuweisung an **cont** kk wird $i = j = 14$ richtig.

Anmerkung:
Eine Gleichheitsvereinbarung, wie etwa **ref int** $j = i$ in der Aufgabenstellung, bedeutet die Einführung einer neuen Bezeichnung für ein bereits vorhandenes, mit einer Bezeichnung versehenes Objekt.

Im allgemeinen ist es weder sinnvoll noch erforderlich, verschiedene Bezeichnungen für ein Objekt einzuführen. Das Auftreten verschiedener Bezeichnungen gibt leicht Anlaß zu Verwirrung und vermindert die Lesbarkeit und Überschaubarkeit des Programms. Eine solche Umbenennung kann trotzdem angezeigt sein, wenn unter verschiedenen Umständen verschiedene Bezeichnungen für ein und dieselbe Sache gebräuchlich sind oder eine andere jedenfalls bereits eingeführt ist.

2.1.9 Referenzstufen und Zuweisungen

a) Die Zuweisung ist fehlerhaft, da rechts von := ein Objekt der Referenzstufe 1 erwartet wird.

b) Auch diese Zuweisung ist fehlerhaft, weil i und j von der Referenzstufe 0 sind, rechts von := aber wiederum ein Objekt der Referenzstufe 1 erwartet wird.

Anmerkung:
Dagegen ist, ausgehend von

die Zuweisung

$$\textbf{ref ref int } ii = \textbf{loc ref int},$$
$$\textbf{int } i := 276, \textbf{int } j := 314$$

$$ii := \textbf{if } i<0 \textbf{ then } i \textbf{ else } j \textbf{ fi}$$

korrekt, denn **int** $i:=276$ und **int** $j:=314$ sind abkürzende Schreibweisen für die initialisierten Gleichheitsvereinbarungen:

und

$$\textbf{ref int } i = \textbf{loc int} := 276$$

$$\textbf{ref int } j = \textbf{loc int} := 314.$$

i und j bezeichnen also Objekte der Referenzstufe 1.

c) In der bedingten Formel ist $-x$ kein Name, wie es erforderlich wäre. $-x$ kann nur als $-\textbf{cont } x$ aufgefaßt werden, x in der Ja-Formel damit auch nur als **cont** x.

d) Die Zuweisungen sind korrekt. **cont** zz liefert einen Namen der Referenzstufe 1 und erzwingt in der bedingten Formel Dereferenzierung bis zur Stufe 0.

e) **cont** z erzwingt eine Dereferenzierung auf die Referenzstufe 0. Da aber auf der linken Seite einer Zuweisung mindestens Referenzstufe 1 verlangt wird, ist die Zuweisung fehlerhaft.

f) y bezeichnet eine Konstante. Die Zuweisung an y ist daher fehlerhaft.

Einfache Rechenvorschriften

2.2.1 Dreivoreinszurück

a) Naheliegend ist die folgende Formulierung mit einem formalen Parameter

(I)   (**int** i) **int** : **if odd** i **then** $i+3$ **else** $i-1$ **fi** .

In Situationen wie

$$\textbf{int } i = 17$$

beziehungsweise

$$\textbf{ref int } i = \textbf{loc int} := 18$$

wäre auch

(II)   (**int** : **if odd** i **then** $i+3$ **else** $i-1$ **fi**)

mit dem nicht-lokalen Parameter i korrekt, oder sogar

(III)   (**int** k) **int** : **if odd** i **then** $i+3$ **else** $i-1$ **fi**

mit einem überflüssigen Parameter k.

b) Für die in a) angegebenen Rechenvorschriften sind die nachfolgenden Gleichheitsvereinbarungen möglich:
(I)   **proc (int) int** *dreivoreinszurück* =
    (**int** *i*) **int** : **if odd** *i* **then** *i* + 3 **else** *i* − 1 **fi**
oder abgekürzt
  proc *dreivoreinszurück* =
    (**int** *i*) **int** : **if odd** *i* **then** *i* + 3 **else** *i* − 1 **fi** ,
(II)   **proc int** *dreivoreinszurück* =
    (**int** : **if odd** *i* **then** *i* + 3 **else** *i* − 1 **fi**) ,
(III)   **proc (int) int** *dreivoreinszurück* =
    (**int** *k*) **int** : **if odd** *i* **then** *i* + 3 **else** *i* − 1 **fi** .

2.2.2 Ordnung von fünf Elementen

a) **proc (string, string, string, string, string) bool** *ord* =
  (**string** *a*, **string** *b*, **string** *c*, **string** *d*, **string** *e*) **bool** :
  $a \le b \land b \le c \land c \le d \land d \le e$.

Anmerkung:
Ruft man die Rechenvorschrift mittels *ord*(„anton", „berta", „caesar", „dora", „emil") auf, so erhält man als Ergebnis **true**.

b) **proc (string, string, string, string, string) int** *vert* =
  (**string** *a*, **string** *b*, **string** *c*, **string** *d*, **string** *e*) **int** :
  abs $(a > b)$ + **abs** $(b > c)$ + **abs** $(c > d)$ + **abs** $(d > e)$.

Die Prozedurvereinbarung kann auch in abgekürzter Form

  proc *vert* = (**string** *a, b, c, d, e*) **int** :
    abs $(a > b)$ + **abs** $(b > c)$ + **abs** $(c > d)$ + **abs** $(d > e)$

geschrieben werden.

2.2.3 Maximum und Minimum

a) $max\,(min\,(3,5),\,min\,(2,6)) = max\,(3,2) = 3$,
b) $min\,(max\,(3,5),\,max\,(2,6)) = min\,(5,6) = 5$,
c) $max\,(max\,(3,5),\,max\,(2,6)) = max\,(5,6) = 6$,
d) $min\,(min\,(3,5),\,min\,(2,6)) = min\,(3,2) = 2$.

2.2.4 Gedicht

Die Einführung der Gleichheitsvereinbarungen

  string *k* = „," und **string** *z* = „."

erlaubt folgende Formulierung der Rechenvorschrift:

> **proc** (**string, string, string**) **string** *gedicht*
> =(**string** a, **string** b, **string** c) **string**:
> $a+z+b+z+c+k+z+$
> $a+z+c+z+b+k+z+$
> $b+z+a+z+c+k+z+$
> $b+z+c+z+a+k+z+$
> $c+z+a+z+b+k+z+$
> $c+z+b+z+a$.

Mit den angegebenen aktuellen Parametern liefert die Rechenvorschrift

> „nicht˳jeder˳ blick˳ ist˳nah,˳nicht˳jeder˳blick˳nah˳ist,˳ist˳nich
> t˳jeder˳blick˳nah,˳ist˳nah˳nicht˳jeder˳blick,˳nah˳nicht˳jeder˳
> blick˳ist,˳nah˳ist˳nicht˳jeder˳blick" .

Anmerkung:
JONATHAN SWIFT (1667–1745), engl. Satiriker, macht sich in Gullivers Reisen (1726) über die Leute lustig, die durch Zusammenwürfeln sinnvolle Texte erzeugen wollen. Bezüglich einer zufallgesteuerten Erzeugung von Satzvarianten siehe auch R. GUNZENHÄUSER: Zur Synthese von Texten mit Hilfe programmgesteuerter Ziffernrechenanlagen. MTW Mitteilungen 1, S. 4–9 (1963).

2.2.5 Schwerpunktbestimmung

proc (**compl, compl, compl, compl, proc**(**compl**)**real**)**compl** *schwerpunkt* =
(**compl** $z1$, **compl** $z2$, **compl** $z3$, **compl** $z4$, **proc** (**compl**) **real** g)**compl**:
$(g(z1) \times z1 + g(z2) \times z2 + g(z3) \times z3 + g(z4) \times z4)/(g(z1)+g(z2)+g(z3)+g(z4))$.

Aufruf z. B.: *schwerpunkt* $(-1\mathrm{i}2, 2\mathrm{i}2, -1\mathrm{i}-1, 1,$ (**compl** k)**real**: **abs re** k).

Anmerkung:
Da g eine komplizierte Rechenvorschrift sein kann, dürfte es im allgemeinen zeitsparend sein, für die Werte der vier verschiedenen Aufrufe von g zuerst Hilfsbezeichnungen einzuführen.

2.2.6 Zufällig fünf oder acht

a)   **proc int** *fünfacht* =
        int: **if** *random* ≤ 0.3 **then** 5 **else** 8 **fi** .

b) Die Rechenvorschrift *random* liefert den Wert $\xi, 0 \leq \xi < 1$ mit der Wahrscheinlichkeitsdichte 1, und damit einen Wert aus dem Intervall $[a,b]$, $0 \leq a \leq b \leq 1$ mit der Wahrscheinlichkeit $\int_a^b 1\,dx = b-a$.

Es sei φ eine auf dem Intervall $[0,1]$ streng monoton steigende, differenzierbare Funktion, mit der (eindeutig bestimmten) Umkehrfunktion Φ. Dann liefert der Aus-

druck $\varphi(random)$ den Wert ξ mit der Wahrscheinlichkeitsdichte $1 \cdot \Phi'(\xi)$ – er liefert nämlich einen Wert aus dem Intervall $[a,b]$, $\varphi(0) \le a \le b \le \varphi(1)$ mit der Wahrscheinlichkeit $\Phi(b) - \Phi(a)$.
In der Aufgabe ist $y = \varphi(x) = (x+1)^2$, $x = \Phi(y) = \sqrt{y} - 1$, $y \in [1,4]$. Es ist $\Phi'(y) = 1/(2\sqrt{y})$. Der Wert ξ aus dem Wertebereich $[1,4]$ wird mit der Wahrscheinlichkeitsdichte $1/(2\sqrt{\xi})$ erhalten.

Anmerkung:
Die Aufgabe zeigt, daß auch Rechenvorschriften ohne Parameter und ohne nichtlokale Größen gelegentlich in sinnvoller Weise auftreten können.

2.2.7 Summe

Einfaches Umsetzen der rekursiven Definition der Summe führt auf

    proc *summe* = (**int** *n*) **real**:
        if $n < 1$ **then** 0 **else** a_n + *summe* $(n-1)$ **fi** .

Somit erhält man wegen $a_n = 1/(2 \times n + 1) \uparrow 4$

    proc *summe* = (**int** *n*) **real**:
        if $n < 1$ **then** 0 **else** $1/(2 \times n + 1) \uparrow 4$ + *summe* $(n-1)$ **fi** .

Anmerkung:
Es gilt: $\sum_{i=1}^{\infty} (2 \times i + 1)^{-4} = \dfrac{\pi^4}{96}$. Siehe K. KNOPP. Theorie und Anwendung unendlicher Reihen. 3. Aufl. Springer 1931.

2.2.8 Kettenbruch

Ein endlicher Kettenbruch

$$b + \frac{1\,|}{|\,b} + \frac{1\,|}{|\,b} + \cdots \frac{1\,|}{|\,b}$$

kann von „innen heraus" berechnet werden:

$$K_1 = b; \quad K_m = b + 1/K_{m-1} \quad (m = 2, 3, \ldots, n).$$

Damit ergibt sich die folgende Rechenvorschrift:

    proc *kettenbruch* = (**int** *n*) **real**:
        if $n = 1$ **then** b **else** $b + 1/kettenbruch\,(n-1)$ **fi** .

84   Lösungen: 2 Begriffliche Grundlagen der Programmierung

Anmerkung:
Für den unendlichen Kettenbruch gilt:
$$b + \frac{1|}{|b} + \frac{1|}{|b} + \cdots = \frac{b+\sqrt{b^2+4}}{2}.$$

2.2.9 Binomialkoeffizienten

Man kann das Additionstheorem zur rekursiven Definition der Binomialkoeffizienten verwenden

$$\binom{i}{j} = \begin{cases} 1 & \text{falls } j=0 \text{ oder } i=j, \\ \binom{i-1}{j-1}+\binom{i-1}{j} & \text{falls } 0<j<i. \end{cases}$$

Damit ergibt sich direkt die Rechenvorschrift

proc *binomialkoeffizient* ≡ (**int** *i,j*) **int**:
  if $j=0 \lor j=i$ **then** 1
  elsf $0<j \land j<i$ **then**
    binomialkoeffizient $(i-1, j-1)+$ *binomialkoeffizient* $(i-1,j)$
  else 0 **fi**

Anmerkung:
Bei der obenstehenden rekursiven Rechenvorschrift wachsen die Aufrufe lawinenhaft an. In der Praxis verwendet man zur (rekursiven) Berechnung der Binomialkoeffizienten für $i,j>0$ Formeln wie

$$\binom{i}{j} = \binom{i}{i-j} \quad \text{falls } j \leq i < 2j \quad \text{und sodann}$$

$$\binom{i}{j} = \frac{i!}{j!(i-j)!} = \begin{cases} \frac{i}{j} \times \binom{i-1}{j-1} & \text{falls } j \geq 1, \\ 1 & \text{falls } j=0. \end{cases}$$

2.2.10 Aufruf mit Artanpassung

Die Zuweisungen sind nicht korrekt.

In der gegebenen Situation hat der Namensname *zz* kein Bezugsobjekt. Der fehlende Bezug wird generell mit **nil** bezeichnet (BAUER-GOOS I, S. 104). Da aber **nil** seinerseits keine Bezugsobjekte besitzen kann, sind die nachfolgenden Zuweisungen an **cont** *zz* nicht korrekt.

Abhilfe kann etwa erfolgen, wenn die gegebene Situation mit
> **ref real** $z =$ **loc real** ;
> **ref ref real** $zz =$ **loc ref real** $:= z$

beschrieben wird. Dann hat zz als Bezugsobjekt einen Namen. Der Name p nimmt Bezug auf eine parameterlose Rechenvorschrift, die ein Ergebnis der Art **ref real** liefert: **cont** zz. Durch **cont** $zz := 1.5$ wird 1.5 zum Bezugsobjekt für z. In der letzten Zuweisung bewirkt die Verwendung von p den Aufruf der Rechenvorschrift und dann die Dereferenzierung des Ergebnisses des Aufrufs. Da hier die Bedingung $p < 0$ **false** liefert, wird schließlich -1.5 zum Bezugsobjekt.

Anmerkung:
Die in dieser Aufgabe zum Vorschein kommende Problematik wird später bei Verbunden wieder auftreten.

Abschnitte und Blöcke

2.3.1 Produkt und Quotient im Komplexen

a) **proc** (**compl, compl**) **compl** *produkt* = (**compl** a, **compl** b) **compl**:
(**re** $a \times$ **re** $b -$ **im** $a \times$ **im** b) **i** (**re** $a \times$ **im** $b +$ **im** $a \times$ **re** b) .

Anmerkung:
Ruft man diese Rechenvorschrift mittels *produkt* (2i1, 0i3) auf, so erhält man als ihr erarbeitetes Ergebnis -3.0i6.0.

b) **proc** (**compl, compl**) **compl** *quotient* = (**compl** a, **compl** b) **compl**:
⌈ **real** $d =$ **re** $b \uparrow 2 +$ **im** $b \uparrow 2$;
((**re** $a \times$ **re** $b +$ **im** $a \times$ **im** b)/d) **i** ((**im** $a \times$ **re** $b -$ **re** $a \times$ **im** b)/d) ⌋ .

2.3.2 Schnittgebilde von Kreis und Gerade

Der Abstand des Kreismittelpunktes mit den Koordinaten (u, v) von der Geraden beträgt:

$$d = \frac{|au + bv + c|}{\sqrt{a^2 + b^2}}.$$

Für $r > d$ existieren zwei reelle Schnittpunkte.
Für $r = d$ existiert ein (reeller) Berührungspunkt.
Für $r < d$ existiert kein gemeinsamer reeller Punkt.

> **proc** (**real, real, real, real, real, real**) **string** *schnitt* =
> (**real** u, **real** v, **real** r, **real** a, **real** b, **real** c) **string**:

⌈ **real** $dquadrat = (a \times u + b \times v + c) \uparrow 2/(a \uparrow 2 + b \uparrow 2)$,
  real $rquadrat = r \uparrow 2$;
  if $rquadrat > dquadrat$
  then „es existieren zwei reelle schnittpunkte"
  elsf $rquadrat < dquadrat$
  then „es existiert kein gemeinsamer reeller punkt"
  else „es existiert ein reeller berührungspunkt" **fi** ⌋

2.3.3 Fußpunkt des Lotes

Die Parameterdarstellungen von g und der Lotgeraden h durch Z_3 lauten, wenn
re $z1 -$ **re** $z2 = r$ und **im** $z1 -$ **im** $z2 = s$ gesetzt werden,

$$g: \begin{pmatrix} \text{re } z \\ \text{im } z \end{pmatrix} = \begin{pmatrix} \text{re } z1 \\ \text{im } z1 \end{pmatrix} + \sigma \begin{pmatrix} r \\ s \end{pmatrix} \quad \sigma \text{ reell},$$

$$h: \begin{pmatrix} \text{re } z \\ \text{im } z \end{pmatrix} = \begin{pmatrix} \text{re } z3 \\ \text{im } z3 \end{pmatrix} + \tau \begin{pmatrix} -s \\ r \end{pmatrix} \quad \tau \text{ reell}.$$

Durch Gleichsetzen der rechten Seiten von g und h bekommt man schließlich als Bestimmungswerte für den Punkt F

$$\text{re } f = \frac{r^2 \cdot \text{re } z3 + s^2 \cdot \text{re } z1 - r \cdot s \cdot (\text{im } z1 - \text{im } z3)}{r^2 + s^2},$$

$$\text{im } f = \frac{r^2 \cdot \text{im } z1 + s^2 \cdot \text{im } z3 - r \cdot s \cdot (\text{re } z1 - \text{re } z3)}{r^2 + s^2}.$$

Daraus entsteht die Rechenvorschrift

proc $fusspunkt = ($ **compl** $z1,$ **compl** $z2,$ **compl** $z3)$ **compl**:
⌈ ⌈ **real** $r =$ **re** $z1 -$ **re** $z2$; **real** $rqu = r \uparrow 2$ ⌋,
⌈ **real** $s =$ **im** $z1 -$ **im** $z2$; **real** $squ = s \uparrow 2$ ⌋;
real $d = rqu + squ$;
$((rqu \times$ **re** $z3 + squ \times$ **re** $z1 - r \times s \times ($**im** $z1 -$ **im** $z3))/d)$
i
$((rqu \times$ **im** $z1 + squ \times$ **im** $z3 - r \times s \times ($**re** $z1 -$ **re** $z3))/d)$ ⌋

2.3.4 Zwei Gleichungen mit zwei Unbekannten

Die Gleichungsauflösung kann hier nach der CRAMERschen Regel geschehen.

proc $lineares\ gleichungssystem =$
$($ **real** $a1, a2, b1, b2, c1, c2,$ **ref real** $x, y)$ **bool**:
⌈ **real** $d = a1 \times b2 - a2 \times b1$,
  real $dabs =$ **abs** $(a1 \times b2) +$ **abs** $(a2 \times b1)$;

2.3.6 Inhaltstausch   87

```
          if abs d > 1₁₀ − 10 × dabs then
             x := −(c1 × b2 − c2 × b1)/d,
             y := −(a1 × c2 − a2 × c1)/d ;
          true
          else false fi                                  ⌋
```

Anmerkung:
Günstiger ist es, sequentiell etwa

$$x := (c2 \times b1 - c1 \times b2)/d;$$
$$y := -(c2 + a2 \times x)/b2$$

zu berechnen, falls $b2$ nicht zu klein ist.
Die Prüfung auf das Verschwinden der Determinante muß, um von dem Exponenten der verwendeten Gleitpunktzahlen unabhängig zu sein, relativ erfolgen.

2.3.5 Nochmals Dreivoreinszurück

```
          proc (ref int) dreivoreinszurück = (ref int i):
             if odd i then i := i + 3 else i := i − 1 fi
```
oder
```
          proc (ref int) dreivoreinszurück = (ref int i):
             i := if odd i then i + 3 else i − 1 fi
```
oder (mit der Variablen i als nicht-lokalem Parameter)
```
          proc dreivoreinszurück = ( : (i := if odd i then i + 3 else i − 1 fi))
```

2.3.6 Inhaltstausch

a) **proc (ref int, ref int)** *tausch* = **(ref int** x, **ref int** y):
   $(x, y) := (y, x)$.

b) Unter Einführung zweier Hilfsbezeichnungen u, v wird $(x, y) := (y, x)$ ersetzt durch

```
          ⌈ int u = x, int v = y ;
             x := v, y := u               ⌋
```

Dies kann auch sequentiell durchgeführt werden

```
          ⌈ int u = x; int v = y ;
             x := v; y := u                ⌋
```

Die Hilfsbezeichnung v kann jetzt entbehrt werden:

$$\text{int } v = y; \ x := v$$

kann ersetzt werden durch

$$x := y \ .$$

Es ergibt sich

>   **proc** (**ref int, ref int**) *tausch* = (**ref int** *x*, **ref int** *y*):
>   ⌜ **int** $u = x$;
> $x := y$;
> $y := u$ ⌟

Anmerkung:
Anstelle von *u* kann auch eine „Hilfsvariable" *uvar* verwendet werden, jedoch besteht dazu keine Notwendigkeit und keine Veranlassung: Weder wird *uvar* variiert, noch hat es als Ergebnis für die Aufgabe einen Sinn. Daß in den klassischen und noch in den heutigen Anlagen zur „Zwischenspeicherung" eine Variable verwendet wird, sollte nicht länger den Programmierstil verderben.

Es ist unsinnig (und führt jedenfalls zu überraschenden Effekten), zwei Resultatvariable einer Rechenvorschrift mit dem selben Namen zu belegen. Die Rechenvorschrift

>   **proc** (**ref int, ref int**) v = (**ref int** *x*, **ref int** *y*):
>   ⌜ $x := x - 1$;
> $y := y - 1$ ⌟

hat die Eigenschaft, die Inhalte der Variablen *x* und *y* um 1 zu erniedrigen. Der unsinnige Aufruf

$$v(a, a)$$

führt jedoch dazu, daß der Inhalt von *a* um 2 erniedrigt wird. Würde man kollateral schreiben

>   **proc** (**ref int, ref int**) w = (**ref int** *x*, **ref int** *y*):
> $(x, y) := (x + 1, y - 1)$,

so wäre der Aufruf $w(a, a)$ sogar inkorrekt: Bei mehrfacher kollateraler Zuweisung müssen die Namen verschieden sein.

Daß nun die Rechenvorschrift *tausch* in der Fassung a) den Aufruf

$$tausch(a, a)$$

überstehen soll, bloß weil die dem *a* zugewiesenen beiden Inhalte ausnahmsweise identisch sind, wird niemand verlangen.

Merke: Sequentialisierung führt leicht dazu, Zusammenhänge zu verdecken!
Daß man mittels

>   (**ref int** *x*, **ref int** *y*): ⌜$x := x + y$; $y := x - y$; $x := x - y$⌟

ohne Hilfsgröße auskommt, sei der Kuriosität wegen erwähnt.

2.3.7 Zufallsweg

```
(:(real s = random ;
  if s ≤ 0.5 then if s ≤ 0.25 then i := i + 1
                              else j := j + 1 fi
             else if s ≤ 0.75 then i := i - 1
                              else j := j - 1 fi
  fi))
```

2.3.8 Logarithmen

Es ergibt sich etwa der in Abb. 113a) gezeichnete Weg.

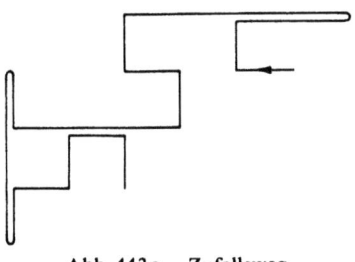

Abb. 113a. Zufallsweg

Anmerkung:
Daß der Zufall gelegentlich auch „Unwahrscheinliches" liefert, zeigt sich, wenn man in der Tabelle mit dem Eintrag ganz links oben beginnt. Der sich ergebende Weg, Abb. 113b, für die ersten 11 Schritte ist nicht weniger wahrscheinlich als jeder andere in 11 Schritten.

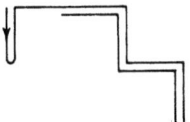

Abb. 113b. „Unwahrscheinlicher" Zufallsweg

2.3.8 Logarithmen

Bekanntlich gilt für die Umrechnung von Logarithmen auf eine andere Basis:

$$^b\log x = M \cdot {}^a\log x,$$

wobei $M = 1/{}^a\log b$ „Transformationsmodul" genannt wird. Damit ergibt sich

```
┌  ref real x = loc real ;
   read (x);
   real y = ln(x);
   print ((x, y, y/ln(2), y/ln(10)))  ┘
```

Anmerkung:
Es ist ohnehin zweckmäßig, eingelesene Daten zur Kontrolle sofort auf dem Ausgabemedium zu protokollieren, im obigen Beispiel $read(x); \ldots print((x,\ldots))$. Man erhält etwa folgenden Ausdruck

1.2000000000₁₀ 1   2,4849066498₁₀ 0   3,5849625007₁₀ 0   1,0791812460₁₀ 0

2.3.9 Zwei lineare Differenzengleichungen

In der Gleichung (∗) setzen wir

und erhalten
$$j = n+2 \quad (j=2,3\ldots)$$

(∗∗)
$$X_j = B_{j-2} - A_1 X_{j-1} - A_2 X_{j-2}$$

bzw. ausführlicher geschrieben

$$\xi(j) = \rho(j-2) - a^1_{11}\xi(j-1) - a^1_{12}\eta(j-1) - a^2_{11}\xi(j-2) - a^2_{12}\eta(j-2),$$
$$\eta(j) = \sigma(j-2) - a^1_{21}\xi(j-1) - a^1_{22}\eta(j-1) - a^2_{21}\xi(j-2) - a^2_{22}\eta(j-2).$$

Damit ergibt sich der folgende Abschnitt[1]:

```
┌ proc xi ≡ (int j) compl:
    if j = 0 then xi0
        elsf j = 1 then xi1
        else
            rho(j-2) − a111 × xi(j−1) − a112 × eta(j−1)
                     − a121 × xi(j−2) − a122 × eta(j−2)
    fi ;
  proc eta ≡ (int j) compl:
    if j = 0 then eta0
        elsf j = 1 then eta1
        else
            sigma(j−2) − a211 × xi(j−1) − a212 × eta(j−1)
                      − a221 × xi(j−2) − a222 × eta(j−2)
    fi ;
    ⋮
                                                                    ┘
```

Anmerkung:
Es ist wenig effizient, Werte von ξ bzw. η mit den obigen Rechenvorschriften xi und eta zu berechnen. Für den praktischen Gebrauch sind Formulierungen mit Wiederholungsanweisungen günstiger.

2.3.10 Ein Programm mit diversen Rechenvorschriften

a) Dem Namen[2] P wird die rechts vom Zeichen := stehende Rechenvorschrift der Art **proc (ref proc (int) int, int) int** als Bezugsobjekt zugewiesen. (Sie bildet sodann den Inhalt der Variablen mit der Bezeichnung P.)

---
[1] Es wird a^k_{ij} durch $aikj$ ersetzt.
[2] Zwischen einem Objekt und dessen Bezeichnung wird der Kürze halber nicht ausdrücklich unterschieden.

b) Dem Namen Q wird die rechts vom Zeichen := stehende Rechenvorschrift der Art **proc (int) int** als Bezugsobjekt zugewiesen.

c) Dem Namen M wird der Inhalt der Variablen Q als Bezugsobjekt zugewiesen.

d) Dem Namen s wird das Ergebnis (-1) der Rechenvorschrift zugewiesen, die den Inhalt der Variablen P darstellt, mit den aktuellen Parametern Q und 0. Dabei bezieht sich der erste Parameter auf die Rechenvorschrift, die oben zum Inhalt der Variablen Q wurde.

e) Sinngemäß wie d): $t:=0$, weil s den Inhalt (-1) hat.

f) 1. Zunächst muß

$R(s)$ ausgearbeitet werden. Weil $z:=:s$ und s den Inhalt (-1) hat, wird zunächst dieser um 1 erhöht. Das erarbeitete Ergebnis von $R(s)$ ist von der Art **ref proc (int) int** und besteht aus dem Namen Q für eine Rechenvorschrift der Art **proc (int) int**. Diese – also der Inhalt der Variablen Q – lautet wegen b): ((**int** y) **int**: $(1+y)\uparrow 2$).

2. Sodann muß

$R(t)(t)$ ausgewertet werden (von links nach rechts). Weil $z:=:t$ und t den Inhalt 0 hat, wird zunächst dieser um 1 erniedrigt. Das Ergebnis von $R(t)$ von der Art **ref proc (int) int** besteht aus dem Namen M, der auf eine Rechenvorschrift verweist, welche wegen c) den Inhalt von Q bildet. Mit dem Inhalt von $y =$ Inhalt von $t = -1$ wird diese ausgearbeitet und liefert das Ergebnis 0.

3. Mit den Ergebnissen von 1. und 2. wird $P(Q,0)$ ausgearbeitet und liefert (-1).

4. Dieses Objekt wird dem Namen t als Bezugsobjekt zugewiesen.

g) Wie bei f)1. wird t um 1 erhöht ($t:=0$) und man erhält als Ergebnis von $R(t)$ den Namen Q. Der Inhalt von Q ist von nun an die Rechenvorschrift ((**int** a) **int**: $2+a$).

h) Analog zu g) erhält t als Inhalt (-1) und dem Namen M wird die Rechenvorschrift ((**int** b) **int**: $Q(b) \times b$) zugewiesen.

i) Analog zu f) gelangt man nach den Zuweisungen $s:=-1$ und $t:=0$ zu $P(M,2)$. Dies führt zu dem Aufruf $M(2)$, der seinerseits $Q(2) \times 2$, d.h. $4 \times 2 = 8$ liefert. Das Objekt 8 wird dem Namen t als Bezugsobjekt zugewiesen.

Anmerkung:
Programme wie das vorstehende werden erfunden und benutzt, um das Nichtfunktionieren von Übersetzern nachzuweisen. Inhumane Verwendung in Prüfungen sollte ausgeschlossen werden können. Dies gilt auch für die nachfolgende Aufgabe *Indirekte Zuweisungen II*.

2.3.11 Indirekte Zuweisungen II

Während der Abarbeitung der Rechenvorschrift wird folgendes Geflecht aufgebaut:

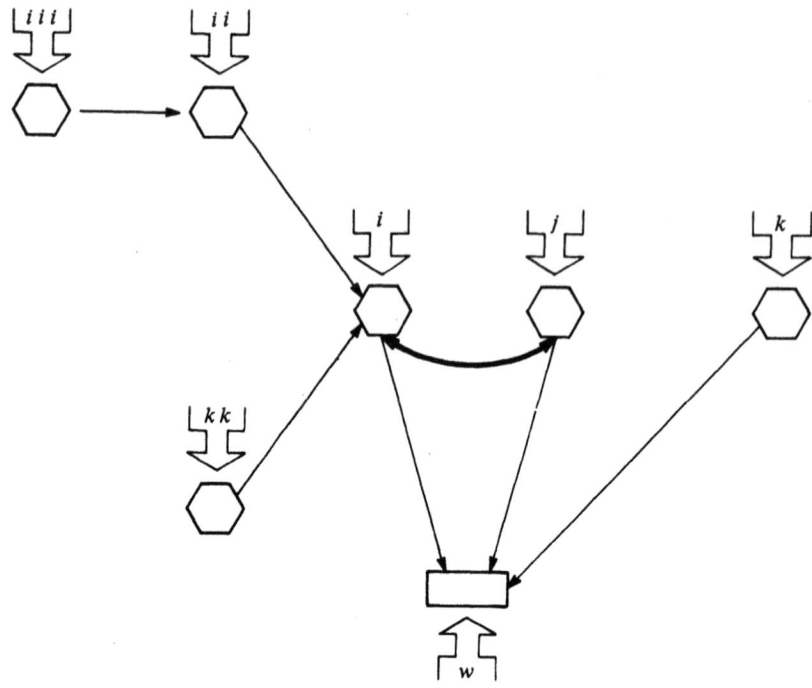

Abb. 114. Geflecht für indirekte Zuweisungen

Es ergibt sich für *ind*(0) das Ergebnis 0, für *ind*(999) 1998 und für *ind*(1000) der Wert 1000.

2.3.12 Faltung

Vorschlag (A): „lokale Parameter"

    proc (proc (real) real, proc (real) real, real) real *faltung1* =
    (**proc (real) real** f, **proc (real) real** g, **real** x) **real**:
    ⌈ **real** $h = x/3$, **real** $k = x/8$;
      $k \times (f(0) \times g(x) + 3 \times f(h) \times g(x-h) + 3 \times f(x-h) \times g(h) + f(x) \times g(0))$ ⌋

oder

Vorschlag (B): „nicht-lokale Parameter".

Hier ist vorauszusetzen, daß f und g von der Art **ref proc (real) real** an einer geeigneten Stelle vereinbart sind.

    proc (real) real *faltung2* = (**real** x) **real**:
    ⌈ **real** $h = x/3$, **real** $k = x/8$;
      $k \times (f(0) \times g(x) + 3 \times f(h) \times g(x-h) + 3 \times f(x-h) \times g(h) + f(x) \times g(0))$ ⌋

Der nachfolgende Lösungsvorschlag mit einer Rechenvorschrift als Ergebnis sprengt den Rahmen von ALGOL 68 (vgl. BAUER-GOOS I, S. 89).

Vorschlag (C):

proc (**proc** (**real**) **real**, **proc** (**real**) **real**) **proc** (**real**) **real** *faltung3* =
(**proc** (**real**) **real** f, **proc** (**real**) **real** g) **proc** (**real**) **real**:
((**real** x) **real**:
⌜ **real** $h = x/3$, **real** $k = x/8$;
$k \times (f(0) \times g(x) + 3 \times f(h) \times g(x-h) + 3 \times f(x-h) \times g(h) + f(x) \times g(0))$ ⌟.

Der Aufruf der Rechenvorschrift *faltung3* liefert direkt als Ergebnis die Faltung l der Funktionen f und g:

proc (**real**) **real** $l = $ *faltung3* (f, g) .

Bestimmte Funktionswerte der Faltung von f und g lassen sich sodann durch einen Aufruf der Rechenvorschrift l erhalten, z. B.

real $w := l(0.7)$.

Auf diese Weise läßt sich nun insbesondere die Faltung von mehr als zwei Funktionen realisieren, z. B.

proc (**real**) **real** $h = $ *faltung3* $(a, faltung3 (b, c))$.
real $v := h(0.7)$.

Anmerkung:
Übrigens ist die Assoziativität von *faltung3*, also

faltung3 $(a, faltung3 (b, c)) = $ *faltung3* $(faltung3 (a, b), c)$

nicht selbstverständlich.
   Wollte man den selben Funktionswert $h(0.7)$ mit Hilfe von *faltung1* berechnen, dann hätte man den folgenden Aufruf zu realisieren:

real $u := $ *faltung1* $(a, (\textbf{real } x) \textbf{ real}: faltung1 (b, c, x), 0.7)$.

Eine entsprechende Formulierung mittels *faltung2* wäre äußerst unbequem.

2.3.13 Descartessches Blatt

Zunächst ist $x = y = 0$ ein Punkt der Kurve. Führt man Polarkoordinaten ein:

$$x = r\cos\varphi, \quad y = r\sin\varphi, \quad r \neq 0,$$

so ergibt sich

$$r^3(\cos^3\varphi + \sin^3\varphi) = ar^2\cos\varphi \sin\varphi,$$

und damit, falls $\cos\varphi+\sin\varphi\neq 0$, d.h. $\varphi\neq 3\pi/4$,

$$r=r(\varphi)=a\frac{\cos\varphi\sin\varphi}{\cos^3\varphi+\sin^3\varphi}$$

eindeutig als Funktion von φ.

Für $\varphi=0, \pi/2, \pi, 3\pi/2$ wird $r=0$. Ferner ist $r(\varphi+\pi)=-r(\varphi)$. Daraus erhält man eine Darstellung

$$x=a\frac{\cos^2\varphi\sin\varphi}{\cos^3\varphi+\sin^3\varphi}, \qquad y=a\frac{\cos\varphi\sin^2\varphi}{\cos^3\varphi+\sin^3\varphi},$$

die mit $-\pi/4<\varphi<3\pi/4$ die ganze Kurve durchläuft. Führt man $\varphi=\psi-\pi/4$ ein, so ist der Parameterbereich $0<\psi<\pi$, und man erhält wegen

$$\cos\varphi=\frac{\sqrt{2}}{2}(\sin\psi+\cos\psi), \qquad \sin\varphi=\frac{\sqrt{2}}{2}(\sin\psi-\cos\psi),$$

$$x=a\frac{(\sin^2\psi-\cos^2\psi)(\sin\psi+\cos\psi)}{2\sin^3\psi+6\sin\psi\cos^2\psi}=\frac{a}{2}\frac{(\sin^2\psi-\cos^2\psi)(\sin\psi+\cos\psi)}{\sin\psi(\sin^2\psi+3\cos^2\psi)},$$

$$y=\frac{a}{2}\frac{(\sin^2\psi-\cos^2\psi)(\sin\psi-\cos\psi)}{\sin\psi(\sin^2\psi+3\cos^2\psi)}.$$

Wegen $0<\psi<\pi$ ist aber $\sin\psi\neq 0$. Setzt man $t=\cot\psi$ mit $-\infty<t<\infty$, so ergibt sich die **rationale** Parametrisierung

$$x=\frac{a}{2}\frac{1-t^2}{1+3t^2}(1+t), \qquad y=\frac{a}{2}\frac{1-t^2}{1+3t^2}(1-t).$$

Die gesuchte Rechenvorschrift (mit nicht-lokalem a der Art **real** und nicht-lokalem x, y der Art **ref real**) lautet dann:

proc (**real**) $descartes=$(**real** t):
⌈ **real** $r=(a/2)\times(1-t\uparrow 2)/(1+3\times t\uparrow 2)$;
$\quad x:=r\times(1+t), \qquad y:=r\times(1-t)$ ⌋

Wiederholungsanweisungen

2.4.1 Eulersche Konstante

Die nachfolgende Rechenvorschrift beruht auf der rekurrenten Berechnung für $s_n=\sum_{i=1}^n 1/i$:

$$s_n=s_{n-1}+1/n, \quad \text{mit} \quad s_0=0.$$

2.4.2 Doppelsumme

proc $euler = ($**int** $nmax)$:
   ⌈ **ref real** $s =$ **loc real** $:= 0$;
    for n **to** $nmax$ **do**
      ⌈ $s := s + 1/n$;
       $print(s - ln(n))$ ⌋
   ⌋

Anmerkung:
Das angegebene Verhalten der „Harmonischen Reihe" $\sum_{i=1}^{n} 1/i$ untersuchte erstmals LEONHARD EULER (1707–1783) in *De progressionibus harmonicis observationes*, 1734/35.

In der Tabelle
$1.0000000000_{10}\ \ 0$
$8.0685281944_{10} - 1$
$7.3472104466_{10} - 1$
$6.9703897216_{10} - 1$
$6.7389542091_{10} - 1$
$6.5824053075_{10} - 1$
$6.4694699377_{10} - 1$
$6.3841560116_{10} - 1$
$6.3174367661_{10} - 1$
$6.2638316093_{10} - 1$

sind die Zahlen c_1 bis c_{10} angegeben. Die Zahlen c_{991} bis c_{1000}

$5.7772012054_{10} - 1$
$5.7771961216_{10} - 1$
$5.7771910470_{10} - 1$
$5.7771859830_{10} - 1$
$5.7771809294_{10} - 1$
$5.7771758863_{10} - 1$
$5.7771708525_{10} - 1$
$5.7771658292_{10} - 1$
$5.7771608157_{10} - 1$
$5.7771558128_{10} - 1$

zeigen, daß die harmonische Reihe sehr langsam konvergiert. Der tatsächliche Wert der EULERschen Konstanten liegt bei

$$5.77216_{10} - 1.$$

2.4.2 Doppelsumme

proc int $doppelsumme =$ **int** :
   ⌈ **ref int** $d =$ **loc int** $:= 0$;
    for i **from** 2 **to** 5 **do**
      for j **to** i **do** $d := d + (i+j)\uparrow 2$;
    d ⌋

Anmerkung:
Der Aufruf von *doppelsumme* liefert 606.

Es gilt

2.4.3 Summe von Fakultäten

$$\sum_{i=1}^{n} i! = 1 + 1\times 2 + 1\times 2\times 3 + \cdots + 1\times 2\times \cdots \times n$$
$$= 1 + 2\times(1 + 3\times(1 + \cdots + n\times(1)\ldots)).$$

Diese Umformung entspricht dem Hornerschema bei Polynomen. Der folgende Abschnitt liefert den gewünschten Wert:

⌈ **int** $q := 1$;
 for i **from** n **by** -1 **to** 2 **do**
  $q := 1 + i \times q$;
 q ⌋

Das Produkt $i \times q$ läßt sich mit Hilfe des Abschnittes

⌈ **int** $p := 0$;
 to i **do** $p := p + q$;
 p ⌋

berechnen. Also erhält man

⌈ **int** $q := 1$;
 for i **from** n **by** -1 **to** 2 **do**
  $q := 1 + $ ⌈ **int** $p := 0$;
    to i **do** $p := p + q$;
    p ⌋ ;
 q ⌋

oder schließlich unter Herausziehen der Vereinbarungen

proc $S = ($**int** $n)$ **int**:
⌈ **int** p, q ; $q := 1$;
 for i **from** n **by** -1 **to** 2 **do**
  ⌈ $p := 0$;
   to i **do** $p := p + q$;
   $q := 1 + p$ ⌋ ;
 q ⌋

2.4.4 Wurzelziehen

Die verlangte Rechenvorschrift lautet:

proc $quadratzahl = ($**real** $n)$ **int**:
⌈ **int** $k := 0$, **int** $j := 0$;
 while $j \leq n$ **do**
  ⌈ $j := j + 2 \times k + 1$;
   $k := k + 1$ ⌋ ;
 $k - 1$ ⌋

Die Subtraktion am Ende kann eingespart werden, wenn man überall k durch $k+1$ ersetzt und k mit -1 initialisiert:

```
proc quadratwurzel = (real n) int:
  ⌈ int k := -1, int j := 0;
    while j ≤ n do
      ⌈ j := j + 2 × k + 3;
        k := k + 1       ⌋;
    k                    ⌋
```

2.4.5 Arithmetisch-geometrisches Mittel

```
⌈ real x, y;
  proc (real, real) real M = (real a, real b) real:
    ⌈ real a0 := sqrt (a × b), real b0 := (a + b)/2;
      real a1 := sqrt (a0 × b0), real b1 := (a0 + b0)/2;
      while a0 < a1 and a1 < b1 and b1 < b0 do
        ⌈ a0 := a1, b0 := b1;
          a1 := sqrt (a0 × b0), b1 := (a0 + b0)/2 ⌋;
      a1                                          ⌋;
  read ((x, y));
  print (M(x, y))
                                                  ⌋
```

Objekte der Art **real** sind – entsprechend der Endlichkeit der Wortlängen in Rechenanlagen – stets als Approximationen von endlicher Länge an reelle Zahlen zu verstehen. (Vgl. die Bemerkung zur Aufgabe *Polygonzug*.) Daher wird die Monotonie sicherlich einmal verletzt. Hierauf beruht das verwendete Abbruchkriterium. Die Vorbesetzung stellt sicher, daß $a0 \le b0$ zu Beginn der Wiederholung gilt.

Anmerkung:
Die Monotonie der Zahlenfolgen $\{a_n\}$ und $\{b_n\}$ in der angegebenen Weise ergibt sich aus folgender Überlegung: Wir zeigen: aus $a_i < b_i$ folgt

$$a_i < a_{i+1} < b_{i+1} < b_i.$$

Die erste und die letzte dieser Ungleichungen sind evident:
aus $a_i < b_i$ folgt $a_i^2 < a_i b_i$ und $2b_i > a_i + b_i$, also $a_i < a_{i+1}$ und $b_i > b_{i+1}$.
Ferner ist

$$b_{i+1}^2 - a_{i+1}^2 = \frac{a_i^2}{4} + \frac{a_i b_i}{2} + \frac{b_i^2}{4} - a_i b_i = \left(\frac{a_i - b_i}{2}\right)^2 > 0.$$

Da mit a_i und b_i auch a_{i+1} und b_{i+1} positiv reell sind, folgt

$$b_{i+1} > a_{i+1}.$$

Es zeigt sich, daß der verwendete Prozeß des arithmetisch-geometrischen Mittels ziemlich schnell konvergiert: Es gilt nämlich:

$$\frac{b1-a1}{b1+a1} = \frac{1}{4}\left(\frac{b0-a0}{b1+a1}\right)^2.$$

Wenn ein Grenzwert $M(a_0, b_0)$ existiert, so ist

$$M(a_0, b_0) = a_0 \cdot M\left(1, \frac{b_0}{a_0}\right) = b_0 \cdot M\left(1, \frac{a_0}{b_0}\right).$$

Die Funktion $M(1,k)$ für $k \in (0,1)$ hängt mit den sogenannten vollständigen elliptischen Integralen erster Gattung zusammen:
Es ist

$$M(1,k) = \frac{2}{\pi} \int_0^{\frac{\pi}{2}} \frac{d\psi}{\sqrt{\cos^2 \psi + k^2 \sin^2 \psi}}.$$

Dieses Resultat war bereits GAUSS bekannt.
Verwendet man die geringfügig geänderte Vorschrift

$$\left.\begin{array}{l} b_{n+1} = \dfrac{a_n + b_n}{2} \\ a_{n+1} = \sqrt{a_n b_{n+1}} \end{array}\right\} n = 0, 1, 2, \ldots,$$

so erhält man nicht nur einen einfacheren Algorithmus (die Umspeicherung entfällt), sondern auch einen gänzlich anderen Grenzwert.

2.4.6 Berechnung von π

⌈ **real** *wurzelprodukt* := 1,
  real *wurzel* := 0,
  real *pialt* := 5,
  real *pineu* := 0,
  int *i* := 0;
  while abs (*pialt* − *pineu*) > $1_{10} - 10$ **do**
  ⌈ *i* := *i* + 1,
    wurzel := *sqrt* ((1 + *wurzel*)/2);
    wurzelprodukt := *wurzelprodukt* × *wurzel*,
    pialt := *pineu*;
    pineu := 2/*wurzelprodukt*;
    print (*pineu*)   ⌋;
  print(*i*)   ⌋

Anmerkung:
Das Wurzelprodukt erscheint zuerst bei FRANCOIS VIETA (1540–1603) in *Variorum de rebus mathematicis responsorum*, liber VIII, 1593.

Ergebnisse der Rechnung: 2.8284271247
3.0614674589
3.1214451522
3.1365484905
3.1403311570
3.1412772510
3.1415138011
3.1415729404
3.1415877252
3.1415914215
3.1415923456
3.1415925765
3.1415926343
3.1415926487
3.1415926523
3.1415926532
3.1415926535

2.4.7 Bedingt korrektes Programm

Die Gesamtheit der Paare (a,b) sei als Koordinatenebene veranschaulicht.

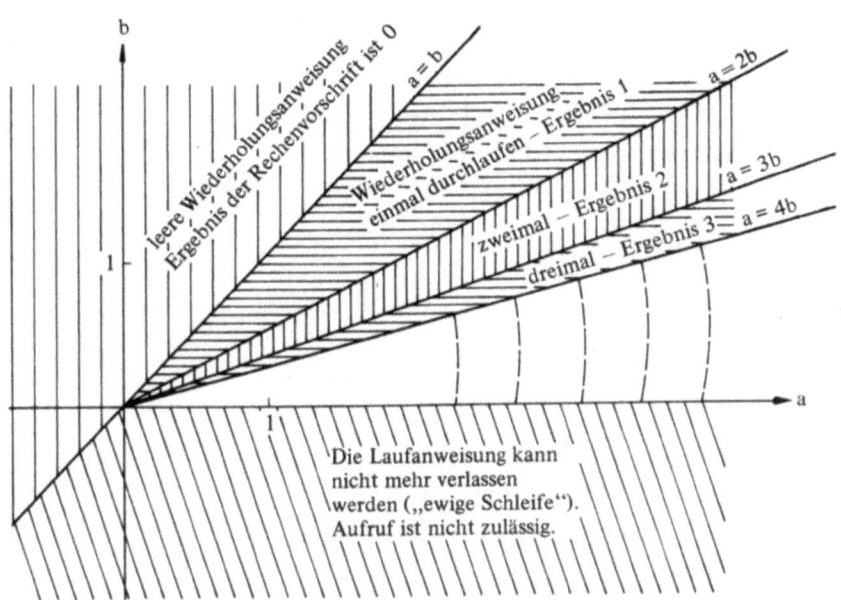

Abb. 115. Veranschaulichung der Parameterpaare

Man vergleiche auch BAUER-GOOS II, S. 154ff. Ersetzt man $P(a,b)$ im vorgegebenen Programm durch das Programmstück

if $a<b$ **or** $b>0$ **then** $P(a,b)$ **fi** ,

dann werden Aufrufe, die zu einer „ewigen Schleife" führen, unterdrückt. An q erfolgt dann keine Zuweisung.

2.4.8 Newton

a) **proc** *newton* = (**proc**(**real**)**real** f, af, **real** $x0$) **real**:
⌜ **real** $x := x0$,
  real y,
  proc *schritt* = (: $(y := x; x := x - f(x)/af(x))$);
  schritt;
  bool $m := x < y$;
  while $x < y = m$ **do** *schritt*;
  x ⌟

b) Die Lösung der Gleichung $e^x = 2 - x^3$ ergibt sich als Nullstelle der Funktion

$$f(x) = e^x - 2 + x^3$$

mit

$$f'(x) = e^x + 3x^2.$$

f' ist positiv und streng monoton steigend in $[0, +\infty]$, für $\xi_0 = 0.6$ ist $f(\xi_0) = 0.038... > 0$. Wenn es also in $[0, 0.6]$ Nullstellen gibt, so konvergiert das Verfahren gegen die zu 0.6 nächstgelegene. Damit hat man also

newton ((**real** x) **real**: $exp(x) - 2 + x \uparrow 3$,
(**real** x) **real**: $exp(x) + 3 \times x \uparrow 2$, 0.6) .

Anmerkung:
Der Aufruf liefert den Wert $5.8760101922_{10} - 1$.

c) Die Quadratwurzel von a ergibt sich als Nullstelle des Polynoms

$$f(x) = x^2 - a$$

mit

$$f'(x) = 2x.$$

f' ist positiv und streng monoton steigend in $[0, +\infty]$, für $a > 1$ gilt mit $\xi_0 = a$: $\xi < \xi_0$ und $f(\xi_0) = a^2 - a > 0$. Also hat man

newton ((**real** x) **real**: $x \uparrow 2 - a$, (**real** x) **real**: $2 \times x$, a) .

Anmerkung:
Für **real** $a = 2$ erhält man den Wert $1.4142135623_{10}0$. Selbstverständlich wäre es hier günstiger, explizite $x := (x + a/x)/2$ zu berechnen.

2.4.9 Geschachtelte Summen

Die Summe $\sum_{k=a}^{b} u_k$ (u_k ganz) kann berechnet werden durch die folgende Rechenvorschrift:

> **proc** $S = ($**int** $b, a)$ **int**:
> ⌈ **int** $q := 0$;
>   **for** k **from** a **to** b **do** $q := q + u_k$;
> q ⌋

Mit diesem Schema erhält man:

> **proc** $summe = ($**int** $i, j)$ **int**:
> ⌈ **int** $q := 0$;
>   **for** k **from** $j-1$ **to** $i-1$ **do**
> $q := q + $ **if** $j = 1$ **then** 1 **else** $summe\,(k, j-1)$ **fi**;
> q ⌋

Anmerkung:
Es gilt

$$\binom{i}{j} = \sum_{k_1=j-1}^{i-1} \sum_{k_2=j-2}^{k_1-1} \cdots \sum_{k_j=0}^{k_{j-1}-1} 1,$$

wobei $\binom{i}{j}$ einen Binomialkoeffizienten bezeichnet. (In der Praxis werden Binomialkoeffizienten nicht durch geschachtelte Summen berechnet.)

Verbunde

2.5.1 Punkt und Strecke

a)   **proc** $abstand = ($**punkt** $A,$ **punkt** $B)$ **real**:
            $sqrt\,((abszisse$ **of** $A - abszisse$ **of** $B) \uparrow 2$
            $+ (ordinate$ **of** $A - ordinate$ **of** $B) \uparrow 2)$.

b)   **proc** $parallel = ($**strecke** $a,$ **strecke** $b)$ **bool**:
            $(ordinate$ **of** $endpkt$ **of** $a - ordinate$ **of** $anfangspkt$ **of** $a) \times$
            $(abszisse$ **of** $endpkt$ **of** $b - abszisse$ **of** $anfangspkt$ **of** $b)$
            $= (ordinate$ **of** $endpkt$ **of** $b - ordinate$ **of** $anfangspkt$ **of** $b) \times$
            $(abszisse$ **of** $endpkt$ **of** $a - abszisse$ **of** $anfangspkt$ **of** $a)$.

2.5.2 Schachzüge

Die Position (h,v) einer Figur auf dem Schachbrett werde beschrieben durch Zahlen h,v mit $1 \leq h, v \leq 8$ (im Gegensatz zu der Verwendung der Buchstaben $a,b,...,h$ als Spaltenindex). Die Ausgangsstellung für Weiß liegt bei $v=1,2$, die für Schwarz bei $v=8,7$.

Ein Zug wird beschrieben durch die Angabe der ziehenden Figur, ihrer Farbe, ihrer Istposition und ihrer Sollposition. Die Figuren lassen sich kennzeichnen durch die Buchstaben

$$K, D, T, L, S, B$$

für König, Dame, usw. Die Farbe soll durch boolesche Werte gekennzeichnet werden:

true für Weiß
false für Schwarz

Ein Zug läßt sich damit als Verbund charakterisieren:

mode zug =
struct(char *figur*, **bool** *farbe*, **position** *ist*, **position** *soll*) ,

wobei

mode position = **struct(int** *h*, **int** *v*) .

Die Rechenvorschrift wird unter der Voraussetzung formuliert, daß die Istposition sich immer auf dem Schachbrett befindet, während dies für die Sollposition nicht von vornherein sichergestellt ist.

```
proc zugprüfung = (zug zug) bool:
⌈ int hs   = h of soll of zug,
  int vs   = v of soll of zug;
  int hdiff = abs (h of ist of zug − hs),
  int vdiff = abs (v of ist of zug − vs),
  char f    = figur of zug;
  (1 ≤ hs ∧ hs ≤ 8) ∧ (1 ≤ vs ∧ vs ≤ 8) ∧
  (hdiff ≠ 0 ∨ vdiff ≠ 0) ∧
  ((f ≠ „K") ∨ (hdiff ≤ 1 ∧ vdiff ≤ 1)) ∧
  ((f ≠ „D") ∨ (hdiff = 0 ∨ vdiff = 0 ∨ hdiff = vdiff)) ∧
```

$((f \ne \text{„}T\text{“}) \lor (hdiff = 0 \lor vdiff = 0)) \land$
$((f \ne \text{„}L\text{“}) \lor (hdiff = vdiff)) \land$
$((f \ne \text{„}S\text{“}) \lor ((hdiff = 2 \land vdiff = 1) \lor$
$\qquad (hdiff = 1 \land vdiff = 2))) \land$
$((f \ne \text{„}B\text{“}) \lor (hdiff = 0 \land$
$\qquad vs = v \textbf{ of ist of } zug +$
$\qquad \textbf{if } farbe \textbf{ of } zug \textbf{ then } 1 \textbf{ else } -1 \textbf{ fi})) \quad \rfloor$

2.5.3 Punkt im Innern eines Dreiecks

Die Punkte $A(x_1, y_1)$ und $B(x_2, y_2)$ bestimmen die Gerade AB. Um den Abstand $d_{Z/AB}$ eines weiteren Punktes $Z(x, y)$ von AB festzustellen, bildet man die Hesse-Normalform

$$\frac{x(y_2 - y_1) + y(x_1 - x_2) - [x_1(y_2 - y_1) + y_1(x_1 - x_2)]}{\sqrt{(y_2 - y_1)^2 + (x_1 - x_2)^2}}$$

$$= \frac{z\ddot{a}hler_{Z/AB}}{nenner_{Z/AB}} = d_{Z/AB}.$$

Liegt Z von AB aus gesehen auf der Seite, die den Nullpunkt nicht enthält, so hat $d_{Z/AB}$ dasselbe Vorzeichen wie der Teilausdruck in eckigen Klammern. Um festzustellen, ob zwei Punkte C und D auf derselben Seite von AB liegen, genügt es, zu untersuchen, ob **sign** $d_{C/AB}$ = **sign** $d_{D/AB}$ bzw. (da stets $nenner > 0$ gilt), ob **sign** $z\ddot{a}hler_{C/AB}$ = **sign** $z\ddot{a}hler_{D/AB}$ ist.

Um zu klären, ob S im Inneren des Dreiecks PQR liegt, läßt sich daher wie folgt verfahren. Man untersucht, ob R und S auf derselben Seite von PQ, P und S auf derselben Seite von QR, sowie Q und S auf derselben Seite von RP liegen.

mode punkt = **struct** (**real** *abszisse*, **real** *ordinate*);
...

proc *innenpunkt* = (**punkt** P, **punkt** Q, **punkt** R, **punkt** S) **bool**:
⌈ **proc** *gleicheseite* = (**punkt** A, **punkt** B, **punkt** C, **punkt** D) **bool**:
⌈ **real** r = *abszisse* **of** A – *abszisse* **of** B,
 real s = *ordinate* **of** B – *ordinate* **of** A;
 real t = $s \times$ *abszisse* **of** A + $r \times$ *ordinate* **of** A;
 proc pz = (**punkt** Z) **int**:
  sign ($s \times$ *abszisse* **of** Z + $r \times$ *ordinate* **of** $Z - t$);
 int $u = pz(C)$;
 $u = pz(D) \land u \ne 0$ $\rfloor$;
gleicheseite $(P, Q, R, S) \land$ *gleicheseite* $(Q, R, P, S) \land$ *gleicheseite* (R, P, Q, S) $\rfloor$

2.5.4 Verkettung zweier Geflechte

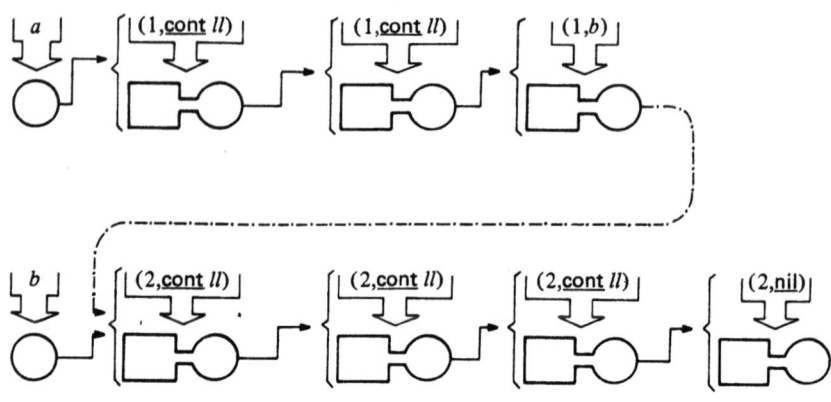

Abb. 116. Verkettung zweier Geflechte

Durch die Zuweisung $a := conc\,(a, b)$ ergibt sich zusätzlich der „strichpunktiert" gezeichnete Verweis.

2.5.5 Erzeugen eines Zyklus

⌈ **mode element** = **struct** (**int** *zahl*, **ref element** *nachfolger*);

ref element $r1$ = **loc element** := (0, **nil**);
ref element $r2$ = **loc element** := (1, $r1$);
ref element $r3$ = **loc element** := (2, $r2$);
ref element $r4$ = **loc element** := (3, $r3$);

nachfolger **of** $r1$:= $r4$ ⌋

Es ergibt sich schließlich folgendes Geflecht:

2.5.6 Arithmetische Ausdrücke als Geflecht

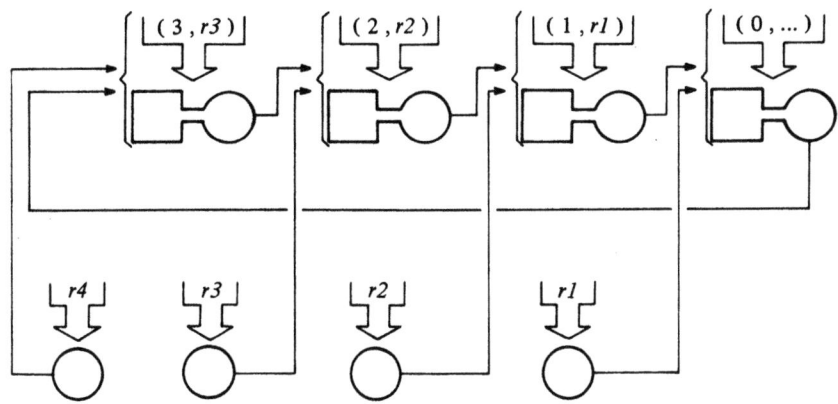

Abb. 117. Geflecht zur Darstellung eines Zyklus

2.5.6 Arithmetische Ausdrücke als Geflecht

1.

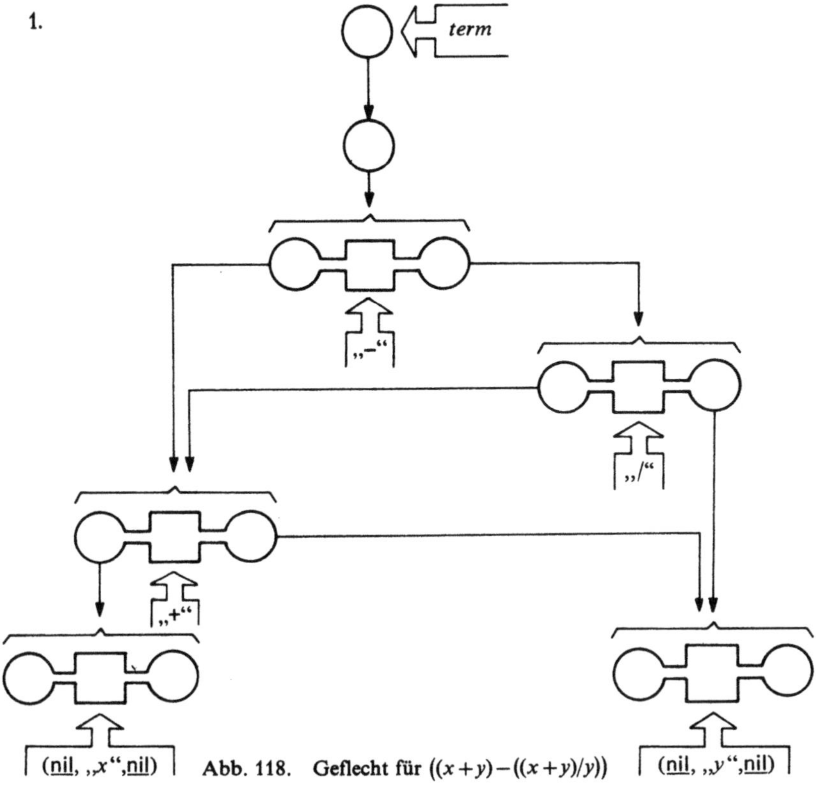

Abb. 118. Geflecht für $((x+y)-((x+y)/y))$

2.

⌈ **mode formel** = **struct** (**ref formel** *linksoperand*,
  char *operator*,
  ref formel *rechtsoperand*) ;

formel *x, y, z* ; **ref formel** *term* ;
x := (**nil**, „*x*", **nil**) ;
y := (**nil**, „*y*", **nil**) ;
z := (**nil**, „*z*", **nil**) ;

term := **loc formel** := (*x*, „ × ", *y*) ;
term := **loc formel** := (*term*, „ + ", *z*) ;
term := **loc formel** := (*linksoperand* **of** *term*, „/", *term*) ;
term := **loc formel** := (*rechtsoperand* **of** *term*, „ − ", *term*) ⌋ .

Anmerkung:
Die Aufgabe kann als Vorbereitung gesehen werden für die weit bedeutsamere – aber auch weit umfangreichere –, das Auswerten oder gar das formale Differenzieren, allgemeiner das Manipulieren von Ausdrücken zu mechanisieren.

2.5.7 Ein- und Zweiwegringlisten

a) **ref einweg** *el* = **loc einweg** := (**nil**, 31) ;
nachf **of** *el* := *el* ;
ref zweiweg *zl* = **loc zweiweg** := (**nil**, **nil**, 111) ;
vor **of** *zl* := *rueck* **of** *zl* := *zl*

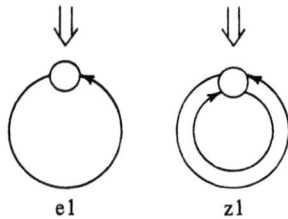

Abb. 119. Einelementige Ein- bzw. Zweiwegringliste

b) 1. **proc** *ins* = (**ref einweg** *liste*, **ref einweg** *element*) :
  ⌈ *nachf* **of** *element* := *nachf* **of** *liste* ;
   nachf **of** *liste* := *element*   ⌋

2. **proc** *del* = (**ref einweg** *liste*) :
   if *liste* :≠ : **cont** *nachf* **of** *liste*
   then *nachf* **of** *liste* := *nachf* **of** *nachf* **of** *liste* **fi**

3. **proc** *ins12* = (**ref zweiweg** *liste*, **ref zweiweg** *element*):
   ⌜ *vor* **of** *element* := *vor* **of** *liste*,
   rueck **of** *element* := *liste*;
   vor **of** *liste* := *element*,
   rueck **of** *vor* **of** *element* := *element* ⌟

   proc *ins13* = (**ref zweiweg** *liste*, **ref zweiweg** *element*):
   ⌜ *vor* **of** *element* := *liste*,
   rueck **of** *element* := *rueck* **of** *liste*;
   rueck **of** *liste* := *element*,
   vor **of** *rueck* **of** *element* := *element* ⌟

4. **proc** *del1* = (**ref ref zweiweg** *lliste*, **bool** *zneu*):
   if cont *lliste* :≠: **cont** *vor* **of** *lliste* **then**
   rueck **of** *vor* **of** *lliste* := *rueck* **of** *lliste*;
   vor **of** *rueck* **of** *lliste* := *vor* **of** *lliste*;
   lliste := **if** *zneu* **then** *rueck* **of** *lliste*
            else *vor* **of** *lliste* **fi**
   fi

   proc *del2* = (**ref zweiweg** *liste*):
   if *liste* :≠: **cont** *vor* **of** *liste* **then**
   rueck **of** *vor* **of** *vor* **of** *liste* := *liste*;
   vor **of** *liste* := *vor* **of** *vor* **of** *liste*
   fi

   proc *del3* = (**ref zweiweg** *liste*):
   if *liste* :≠: **cont** *rueck* **of** *liste* **then**
   vor **of** *rueck* **of** *rueck* **of** *liste* := *liste*;
   rueck **of** *liste* := *rueck* **of** *rueck* **of** *liste*
   fi .

Anmerkung:
Man prüfe sorgfältig, unter welchen Nebenbedingungen die Prozeduren das Gewünschte leisten! Beispielsweise bringt *ins(e1, e1)* eine Überraschung.

Felder

2.6.1 Euklidischer Abstand

n gibt die Dimension des euklidischen Raumes an und wird deshalb zweckmäßigerweise als nicht-lokale Konstante behandelt ($n > 0$).

```
proc abstand = ([1:n] real p, q) real:
  ⌈ real h := 0;
    for i to n do h := h + (p[i] - q[i])↑2;
    sqrt(h)                                    ⌋
```

Anmerkung:
Vgl. auch Aufgabe **Punkt und Strecke**.

2.6.2 Kraftfahrzeugkennzeichen

Wir nehmen an, daß die Objekte der Art **char** in der folgenden Weise geordnet sind

$$„0" < „1" < „2" < \cdots < „9" < „A" < „B" < \cdots < „Y" < „Z" < „\_" < „-" \cdots .$$

So ergibt sich folgendes Programm:

```
⌈ int i;
  [1:10] char c;
  to 100000 do
    ⌈ i := 1; read (c[1]);
      while i ≤ 10 ∧ c[i] ≠ „_" do
        ⌈ i := i + 1; read (c[i]) ⌋;
      for j from i+1 to 10 do c[j] := „_";
      if (c[1] = „M" ∨ c[1] = „N") ∧
         c[2] = „-" ∧ c[3] = „B" ∧
         c[4] < „A" ∧ c[5] = „3"
      then print (c) fi                        ⌋
                                               ⌋
```

2.6.3 Matrizenmultiplikation

c ist eine $(m \times p)$-Matrix mit den Elementen

$$c_{ik} = \sum_{r=1}^{n} a_{ir} b_{rk} \begin{cases} i = 1, 2, \ldots, m, \\ k = 1, 2, \ldots, p \end{cases}$$

m, n und p gelten als nicht-lokal vereinbart.

```
proc matrixprodukt = (ref [1:m, 1:n] compl a,
                     ref [1:n, 1:p] compl b,
                     ref [1:m, 1:p] compl c):
```

```
  for i to m do
    for k to p do
      compl s:=0;
        for r to n do s:=s+a[i,r]×b[r,k];
      c[i,k]:=s
```

Anmerkung:
Man beachte, daß der Aufruf *matrixprodukt(a,a,a)* etwa in der Situation $m=n=p=2$ und ref[1:2,1:2] compl a = loc[1:2,1:2] compl := $((1,0\mathrm{i}1),(0\mathrm{i}-1,1))$ nicht das Verlangte liefert. Vgl. auch Aufgabe *Inhaltstausch*.

2.6.4 Fibonacci-Zahlen

Unmittelbar ergibt sich

```
proc (int) fibonacci = (int n):
  [-2:n-1] int u;
  u[-2]:=0, u[-1]:=1;
  for i from 0 to n-1 do
    u[i]:=u[i-1]+u[i-2];
    print ((i, u[i]))
```

Man beachte nun, daß sich jedes Element der Folge als Funktion der beiden unmittelbar vorhergehenden Elemente ergibt und die vor diesen liegenden Elemente nicht mehr gebraucht werden. Die gleiche Aufgabe kann deshalb auch durch die folgende wesentlich effizientere Prozedur erledigt werden. Dabei wird in der Rekursionsformel $u[i]$ in c, $u[i-1]$ in b und $u[i-2]$ in a umgesetzt. Bei einer Erhöhung des Index i um 1 wird dann die Identität

$$u[(i+1)-2] = u[i-1]$$

durch die Zuweisung $a:=b$ und die Identität

$$u[(i+1)-1] = u[i]$$

durch die Zuweisung $b:=c$ gewahrt.

```
proc (int) fibonacci = (int n):
  int c;
  int a:=0, int b:=1;
  for i from 0 to n-1 do
    c:=b+a;
    print ((i, c));
    a:=b;
    b:=c
```

110   Lösungen: 2 Begriffliche Grundlagen der Programmierung

2.6.5 Der Größe nach ordnen

⌈ **int** n;
   $read(n)$;
   ⌈ $[1:n]$ **real** a, **real** h;
     $read(a)$;
     for i **from** 2 **to** n **do**
        for j **from** $i-1$ **by** -1 **to** 1 **do**
           if $a[j+1] < a[j]$ **then**
              $h := a[j+1]$;
              $a[j+1] := a[j]$;
              $a[j] := h$
           fi;
   $print(a)$ ⌋
⌋

Anmerkung:
Bei diesem Sortierverfahren werden $(n-1) \times n/2$ Vergleiche $a[j+1] < a[j]$ ausgeführt. Im ungünstigsten Falle sind ebensoviele Vertauschungen auszuführen. Man kennt günstigere Verfahren: siehe etwa BAUER-GOOS I, S. 134 ff.

2.6.6 Prüfung auf Wiederholung

proc $wiederholungsprüfung =$ (**ref** $[1:n]$ **int** a, b):
⌈ **ref int** $ai =$ **loc int**,
  ref bool $h =$ **loc bool**;
  for i **to** n **do**
  ⌈ $b[i] := 0$,
    $ai := a[i]$,
    $h :=$ **true**;
    for j **from** $i-1$ **by** -1 **to** 1 **while** h **do**
      if $ai = a[j]$ **then** $b[i] := i-j$; $h :=$ **false fi** ⌋
⌋

2.6.7 Genealogie

mode habsburger = **struct** (**string** *name*, **ref habsburger** *vater*,
                          ref habsburger *mutter*, **ref habsburger** *gatte*);
$[1:10]$ **habsburger** h;
habsburger $h11, h12, h13$;
    $h[1] := ($„Maximilian I", **nil, nil,** $h[2])$;
    $h[2] := ($„Maria von Burgund", **nil, nil,** $h[1])$;
    $h[3] := ($„Philipp d. Schöne", $h[1], h[2], h[4])$;
    $h[4] := ($„Johanna d. Wahnsinnige", **nil, nil,** $h[3])$;

$h[5] := (\text{\glqq}Isabella\text{\grqq}, \textbf{nil}, \textbf{nil}, h[6]);$
$h[6] := (\text{\glqq}Karl\ V\text{\grqq}, h[3], h[4], h[5]);$
$h[7] := (\text{\glqq}Ferdinand\ I\text{\grqq}, h[3], h[4], h[8]);$
$h[8] := (\text{\glqq}Anna\ von\ B\"ohmen\text{\grqq}, \textbf{nil}, \textbf{nil}, h[7]);$
$h[9] := (\text{\glqq}Philipp\ II\text{\grqq}, h[6], h[5], \textbf{nil});$
$h[10] := (\text{\glqq}Maximilian\ II\text{\grqq}, h[7], h[8], \textbf{nil});$

$h11 := (\text{\glqq}Ferdinand\ II.\ von\ Spanien\text{\grqq}, \textbf{nil}, \textbf{nil}, h12);$
$h12 := (\text{\glqq}Isabella\ von\ Kastilien\text{\grqq}, \textbf{nil}, \textbf{nil}, h11);$
vater of $h[4] := h11$;
mutter of $h[4] := h12$;
$h13 := (\text{\glqq}Don\ Carlos\text{\grqq}, h[9], \textbf{nil}, \textbf{nil})$.

2.6.8 Wert der Ableitung eines Polynoms

Ein sehr effizientes Verfahren zur Berechnung des Wertes eines Polynoms ist das Horner-Schema.

Für irgendein Polynom $Q(x) = \sum_{i=0}^{m} b_i x^i$ gilt

$$Q(x) = b_0 + x(b_1 + x(b_2 + \cdots x(b_{m-1} + x(b_m))\cdots)).$$

Daraus ergibt sich unmittelbar der Algorithmus

```
h := b_m;
for i from m-1 by -1 to 0 do
h := b_i + x × h;
h .
```

Bildet man nun von einem Polynom $P(x)$ vom Grade n die k-te Ableitung, so ergibt sich ein Polynom $Q(x)$ mit dem Grad $m = n - k$ ($n \geq k$). Ein Koeffizient b_i des Polynoms $Q(x)$ ergibt sich dann in der folgenden Weise

$$b_i = \alpha_i^{(k)} a_{i+k},$$

wobei

$$\alpha_i^{(k)} = (i+1)(i+2)\ldots(i+k)$$

gilt. Offensichtlich hat man für $i = m$

$$\alpha_m^{(k)} = \alpha_{n-k}^{(k)} = (n-k+1)(n-k+2)\ldots(n-k+k)$$

und außerdem

$$\begin{aligned}\alpha_{i-1}^{(k)} &= ((i-1)+1)((i-1)+2)\ldots((i-1)+k) \\ &= (i)(i+1)(i+2)\ldots(i+k-1) \\ &= i \times \alpha_i^{(k)}/(i+k) \\ &(1 \leq i \leq n-k).\end{aligned}$$

Damit ergibt sich nun für die Berechnung eines Wertes der k-ten Ableitung

$\alpha := 1$;
for i **to** k **do** $\alpha := \alpha \times (n-k+i)$;
$h := \alpha \times a_n$;
for i **from** $n-k-1$ **by** -1 **to** 0 **do**
⌈ $\alpha := $ **round** $(i \times \alpha/(i+k))$;
  $h := \alpha \times a_{i+k} + x \times h$ ⌋;
h

Somit läßt sich nun ein Programm in folgender Weise gewinnen:

⌈ **int** n;
$read(n)$;
  ⌈ $[0:n]$ **real** a,
  int $k, alpha$,
  real x, h;
  $read(a); read((k,x))$;
  $alpha := 1$;
  for i **to** k **do** $alpha := alpha \times (n-k+i)$;
  $h := alpha \times a[n]$;
  for i **from** $n-k-1$ **by** -1 **to** 0 **do**
  ⌈ $alpha := $ **round** $(i \times alpha/(i+k))$;
    $h := alpha \times a[i+k] + x \times h$ ⌋;
  $print(h)$ ⌋
                                                ⌋

Sprünge

2.7.1 Entscheidungstabellen

a) Vereinfachungsregeln sind:
  1. Streichen der Nein-Anweisung, wenn sie mit der zugehörigen Ja-Anweisung übereinstimmt, unter gleichzeitigem Streichen der zugehörigen Bedingungsabfrage.
  2. Herausziehen einer Anweisung, die im Ja- und im Nein-Fall vorkommt.
  3. Herausziehen einer Abfrage, wenn Ja- (oder Nein-)Anweisung in der Ja- und in der Nein-Anweisung der übergeordneten Abfrage gleich sind.

2.7.1 Entscheidungstabellen

Man könnte am ehesten daran denken, die Anzahl der Fallkombinationen, d.h. der Spalten in der Entscheidungstabelle, zu minimieren; oder auch die Anzahl der abzuprüfenden Bedingungen. Das braucht nicht auf dasselbe hinauszulaufen.

b) Zur Tabelle (∗∗) gehört das Ablaufdiagramm

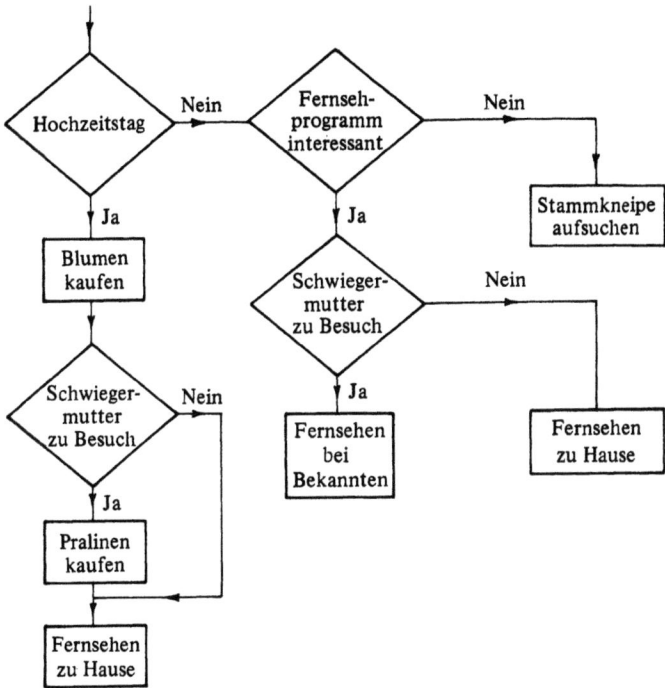

Es unterscheidet sich von dem vorhergehenden in der Reihenfolge, in der die beiden letzten Bedingungen abgeprüft werden. Die Anzahl der Abfragen ist geringer. Das doppelte Auftreten des Kästchens |Fernsehen zu Hause| könnte nur durch Verwendung von Sprungbefehlen vermieden werden.

c) Abgesehen davon, daß man irgendeine Spalte, z.B. die letzte, als Restspalte hernehmen könnte, sind hier keine weiteren nennenswerten Vereinfachungen ersichtlich.

d) Die „Gebührenordnung für die Benutzung des Schwimmbads in Stockhausen" lautet:

Kinder unter 14 Jahren zahlen DM 1,–, Jugendliche bis 18 Jahre DM 1,50 und Erwachsene DM 2,–. Als Gruppe von mindestens 10 Personen zahlen Kinder DM 0,50, Jugendliche DM 1,– und Erwachsene DM 1,50. Schüler, Studenten und Lehrlinge ohne Altersbegrenzung zahlen den Kindertarif.

Daraus ergibt sich ziemlich unmittelbar

Unter 14 Jahre alt	J	N	N	J	N	N	–	–
Unter 18 Jahre alt	–	J	N	–	J	N	–	–
Mitglied einer Gruppe	N	N	N	J	J	J	N	J
Student	N	N	N	N	N	N	J	J
Eintrittspreis	1,00	1,50	2,00	0,50	1,00	1,50	1,00	0,50

Dabei ist der Tatsache Rechnung getragen, daß die Bedingung «unter 14 Jahre alt» die Bedingung «unter 18 Jahre alt» impliziert.
Unter Benutzung des „Links-vor-Rechts-Ablaufs" läßt sich die Zahl der Abfragen vermindern

Unter 14 Jahre alt	J	J	–	–	–	–	–	–
Unter 18 Jahre alt	–	–	–	J	–	J	–	–
Mitglied einer Gruppe	J	–	J	J	–	–	J	–
Student	–	–	J	–	J	–	–	–
Eintrittspreis	0,50	1,00	0,50	1,00	1,00	1,50	1,50	2,00

Man kommt bei der Programmierung einer solchen Entscheidungstabelle ohne Sprünge nicht mehr aus.

Anmerkung:
Die Aufgabe, von einer vollständigen Entscheidungstabelle zu einer verkürzten zu gelangen, war ab 1935 für die Theorie der (Relais-)Schaltungen, die sich auch gern „Schaltalgebra" nannte, von großem Interesse. Die ersten systematischen Ansätze zur algorithmischen Bewältigung scheint die Österreicherin HANSI PIESCH unternommen zu haben. Für wenige Variable, bis allerhöchstens 6, gibt es ein einleuchtendes graphisches Verfahren von KARNAUGH (1953), das eine auf MARQUARD (1885) und VEITCH (1952) zurückgehende Symbolik benützt. In Allgemeinheit haben QUINE und MCCLUSKY (1956) das Problem gelöst. Der seit 1968 in Gang gekommenen Literatur über Entscheidungstabellen[1] sind diese Zusammenhänge unbekannt geblieben.
Anders wird es, wenn der „Links-vor-Rechts-Ablauf" einbezogen wird. Dann entsprechen den Entscheidungstabellen zeitabhängige Schaltwerke. Die Theorie ist hier nicht ähnlich ausgereift. Die Beispiele dürften übrigens zeigen, daß es solcherart verkürzten Entscheidungstabellen an Übersichtlichkeit und Nachprüfbarkeit sehr mangelt. Dem entspricht bemerkenswerterweise eine entsprechende Beobachtung über die Klarheit von Programmen, die Sprünge verwenden.

---

[1] Etwa H. MCDANIEL: An introduction to decision tables. New York: 1968.

2.7.2 Wiederholung

Die parameterlose echte Prozedur

proc $H = (:(\textbf{if } \mathcal{B} \textbf{ then } \mathcal{S}; H \textbf{ fi}))$

bewirkt mit dem Aufruf **exec** H den gewünschten Effekt.

Anmerkung:
Für diese Semantik der **while**-Konstruktion vgl. E. W. DIJKSTRA, On the axiomatic definition of semantics, Report EWD 367. Vgl. auch BAUER-GOOS II, S. 154. Daß man bei herkömmlichen Anlagen eine nichtrekursive Realisierung der **while**-Konstruktion anstrebt, ist als Optimierungsmaßnahme unter den Bedingungen der derzeitigen Technologie aufzufassen.

In der angegebenen Rechenvorschrift können $\mathcal{B}$ und $\mathcal{S}$ auch als Parameter aufgefaßt werden. Es ergibt sich die allgemeine echte Prozedur *while* mit dem Parameter *beta* der Art **proc bool** und dem Parameter *sigma* der Art **proc**

proc (**proc bool, proc**) *while* =
(**proc bool** *beta*, **proc** *sigma*): **if** *beta* **then** *sigma*; *while*(*beta*, *sigma*) **fi** .

Der Aufruf *while* ($\mathcal{B}, \mathcal{S}$) hat den Effekt von

while $\mathcal{B}$ **do** $\mathcal{S}$ **od** .

Man könnte hierin eine erweiterte (in ALGOL 68 nicht vorgesehene) Möglichkeit zur Definition neuer Operationen sehen. Vgl. auch J. V. GARWICK, Comm. ACM 11, 634–638 (1968).

3. Kapitel

Maschinenorientierte algorithmische Sprachen

Aufbrechen von Ausdrücken, Wiederholungen und Rechenvorschriften

3.1.1 Arithmetische Ausdrücke

a) Durch die nachfolgende Darstellung wird der Vorgang des Aufbrechens für die erste Zuweisung des Programms sichtbar gemacht:

$$x := (a \times a + b \times b - c \times c)/((a+b+c+d) \times (a-b-c-d))$$

$h_1 := a \times a$; $\quad x := (h_1 + b \times b - c \times c)/((a+b+c+d) \times (a-b-c-d))$

$h_2 := b \times b$; $\quad x := (h_1 + h_2 - c \times c)/((a+b+c+d) \times (a-b-c-d))$

$h_1 := h_1 + h_2$; $\quad x := (h_1 - c \times c)/((a+b+c+d) \times (a-b-c-d))$

$h_2 := c \times c$; $\quad x := (h_1 - h_2)/((a+b+c+d) \times (a-b-c-d))$

$h_1 := h_1 - h_2$; $\quad x := h_1/((a+b+c+d) \times (a-b-c-d))$

3.1.1 Arithmetische Ausdrücke

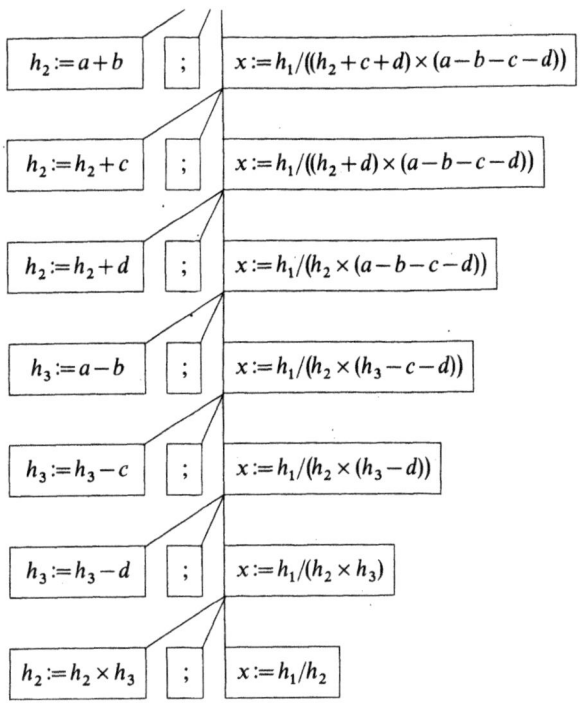

Man erhält schließlich auf diese Weise

$h1 := a \times a$	$h1 := a \times x$	$h1 := a/x$
$h2 := b \times b$	$h1 := h1 + b$	$h1 := x + h1$
$h1 := h1 + h2$	$h1 := h1 \times x$	$h1 := a/h1$
$h2 := c \times c$	$h1 := h1 + c$	$h1 := x + h1$
$h1 := h1 - h2$	$h1 := h1 \times x$	$h1 := a/h1$
$h2 := a + b$	$y := h1 + d$	$h1 := x + h1$
$h2 := h2 + c$		$h1 := h1 \times y$
$h2 := h2 + d$		$h2 := y - x$
$h3 := a - b$		$z := h1 \times h2$
$h3 := h3 - c$		
$h3 := h3 - d$		
$h2 := h2 \times h3$		
$x := h1/h2$		

b) Die Ein-Adreß-Form könnte durch systematisches Umschreiben der Drei-Adreß-Form gewonnen werden (vgl. BAUER-GOOS I, 3.1.2). Sie läßt sich aber auch direkt aus der ursprünglichen Formel gewinnen. Wir gehen dabei genauso vor wie bei a), verwenden nun jedoch die ausgezeichnete Variable **AC**. Wir zeigen die Entwicklung nun für die (kürzere) zweite Zuweisung des Programms.

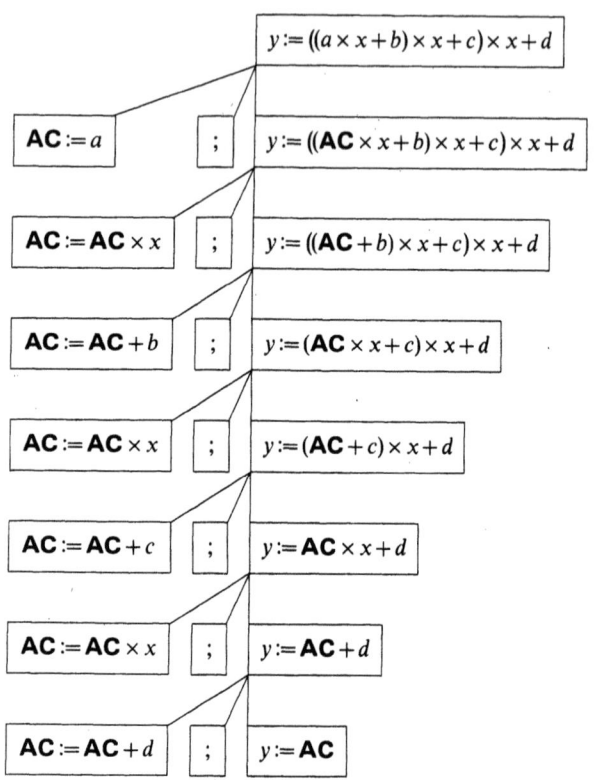

Die Formel $((a \times x + b) \times x + c) \times x + d$ ist nach dem Prinzip des Horner-Schemas aufgebaut, das ein sehr effizientes Berechnungsverfahren für die Werte von Polynomen darstellt. Die Effizienz dieses Verfahrens resultiert aus der Tatsache, daß außer der ausgezeichneten Variablen **AC** keine weiteren Hilfsvariablen benötigt werden.

Das Umschreiben in eine Kurzschrift (vgl. BAUER-GOOS I, 3.1.2), in der die Bezeichnung **AC** nicht mehr auftritt, ist trivial. Für das vollständige Programm erhält man schließlich:

3.1.2 Verwendung mehrerer Akkumulatoren

begin
real a, b, c, d, x, y, z; ~~~~
$0 + a$ 1. Formel
$\times a$
$\Rightarrow h1$
$0 + b$
$\times b$
$\Rightarrow h2$
$\left. \begin{array}{l} 0 + h1 \\ + h2 \end{array} \right\} + h1$ bei Ausnutzung der Kommutativität
$\Rightarrow h1$
$0 + c$
$\times c$
$\Rightarrow h2$
$0 + h1$
$- h2$
$\Rightarrow h1$
$0 + a$
$+ b$
$+ c$
$+ d$
$\Rightarrow h2$
$0 + a$
$- b$
$- c$
$- d$
$\Rightarrow h3$
$\left. \begin{array}{l} 0 + h2 \\ \times h3 \end{array} \right\} \times h2$ bei Ausnutzung der Kommutativität
$\Rightarrow h2$
$0 + h1$
$/ h2$
$\Rightarrow x$

$0 + a$ 2. Formel
$\times x$
$+ b$
$\times x$
$+ c$
$\times x$
$+ d$
$\Rightarrow y$
$0 + a$ 3. Formel
$/ x$
$\Rightarrow h1$
$\left. \begin{array}{l} 0 + x \\ + h1 \end{array} \right\} + x$ bei Ausnutzung der Kommutativität
$\Rightarrow h1$
$0 + a$
$/ h1$
$\Rightarrow h1$
$\left. \begin{array}{l} 0 + x \\ + h1 \end{array} \right\} + x$ bei Ausnutzung der Kommutativität
$\Rightarrow h1$
$0 + a$
$/ h1$
$\Rightarrow h1$
$\left. \begin{array}{l} 0 + x \\ + h1 \end{array} \right\} + x$ bei Ausnutzung der Kommutativität
$\times y$
$\Rightarrow h1$
$0 + y$
$- x$
$\Rightarrow h2$
$\left. \begin{array}{l} 0 + h1 \\ \times h2 \end{array} \right\} \times h1$ bei Ausnutzung der Kommutativität
$\Rightarrow z$
end

3.1.2 Verwendung mehrerer Akkumulatoren

Der Ausdruck kann beispielsweise in folgende Befehlsfolge überführt werden:

$AC_1 := a$
$AC_1 := AC_1 + b$ $\qquad AC_1 := a+b$
$AC_2 := c$
$AC_2 := AC_2 \times d$ $\qquad AC_2 := c \times d$
$\left. \begin{array}{l} AC_3 := g \\ AC_3 := -AC_3 \end{array} \right\}$ oder: $AC_3 := -g \qquad AC_3 := -g$
$h1 := AC_1$ $\qquad \left\{ \begin{array}{l} \text{es wird eine Hilfsvariable } h1 \text{ für} \\ \text{ein Zwischenergebnis benötigt} \end{array} \right.$
$AC_1 := f$
$AC_1 := AC_1 \uparrow AC_3$ $\qquad AC_1 := f \uparrow -g$
$AC_1 := AC_1 \times e$ $\qquad AC_1 := e \times f \uparrow -g$
$AC_3 := h$
$AC_3 := AC_3 - i$ $\qquad AC_3 := h - i$
$AC_1 := AC_1 / AC_3$ $\qquad AC_1 := (e \times f \uparrow -g)/(h-i)$
$AC_2 := AC_2 - AC_1$ $\qquad AC_2 := c \times d - (e \times f \uparrow -g)/(h-i)$
$AC_1 := h1$
$AC_1 := AC_1 / AC_2$
AC_1 $\qquad AC_1$ liefert das Ergebnis

Anmerkung:
Die Aufgabenstellung ließ offen, ob es sich um ganzzahlige oder um numerisch-reelle Rechnung handelt. In der Praxis kann dies hinsichtlich der Verfügbarkeit mehrerer Akkumulatoren einen Unterschied bedeuten.

3.1.3 Optimierungen für arithmetische Ausdrücke

a) Wenn die Zerlegung von links erfolgt, ergibt sich die Befehlsfolge:

$AC := a$
$AC := AC + b$
$h1 := AC$
$AC := c$
$AC := AC \times d$
$h2 := AC$
$\left. \begin{array}{l} AC := g \\ AC := -AC \end{array} \right\}$ oder $AC := -g$
$h3 := AC$
$AC := f$
$AC := AC \uparrow h3$
$h3 := AC$
$AC := e$

3.1.3 Optimierungen für arithmetische Ausdrücke

$AC := AC \times h3$
$h3 := AC$
$AC := h$
$AC := AC - i$
$h4 := AC$
$AC := h3$
$AC := AC/h4$
$h3 := AC$
$AC := h2$
$AC := AC - h3$
$h2 := AC$
$AC := h1$
$AC := AC/h2$
$h1 := AC$

b) Wenn die Zerlegung von rechts erfolgt, ergibt sich die Befehlsfolge:

$AC := h$
$AC := AC - i$
$h1 := AC$
$\left.\begin{matrix} AC := g \\ AC := -AC \end{matrix}\right\}$ oder $AC := -g$
$h2 := AC$
$AC := f$
$AC := AC \uparrow h2$
$h2 := AC$
$AC := e$
$AC := AC \times h2$
$AC := AC/h1$
$h1 := AC$
$AC := c$
$AC := AC \times d$
$AC := AC - h1$
$h1 := AC$
$AC := a$
$AC := AC + b$
$AC := AC/h1$
$h1 := AC$

c) Wenn die Zerlegung nicht möglichst weit von links bzw. rechts ausgeführt wird, sondern so, daß möglichst wenige Zwischenspeicherungen erforderlich sind, so ergibt sich folgende Befehlsfolge:

$$\begin{aligned}
&AC := h \\
&AC := AC - i \\
&h1 := AC \\
&\left.\begin{array}{l} AC := g \\ AC := -AC \end{array}\right\} \text{oder } AC := -g \\
&h2 := AC \\
&AC := f \\
&AC := AC \uparrow h2 \\
&AC := AC \times e \\
&AC := AC/h1 \\
&h1 := AC \\
&AC := c \\
&AC := AC \times d \\
&AC := AC - h1 \\
&h1 := AC \\
&AC := a \\
&AC := AC + b \\
&AC := AC/h1 \\
&h1 := AC
\end{aligned}$$

a) erfordert 27 (bzw. 26) Befehle und 4 Hilfsvariable,
b) erfordert 21 (bzw. 20) Befehle und 2 Hilfsvariable,
c) erfordert 19 (bzw. 18) Befehle und 2 Hilfsvariable.

Die Zerlegung eines Ausdrucks von rechts ist i. allg. günstiger, wenn nichtsymmetrische Operatoren vorkommen. Enthält der Befehlsvorrat der Rechenanlage jedoch inverse Operationen wie z. B.:

$$AC := \rangle \text{Operand} \langle - AC \quad ,$$

die den AC-Inhalt als zweiten Operanden verwenden, so ist die Zerlegungsrichtung unerheblich.

Anmerkung:
Den Hilfsvariablenbedarf und ein Aufbrechverfahren, das minimalen Hilfsvariablenbedarf mit sich bringt, studiert U. PETERS (Dissertation Saarbrücken 1973). Siehe auch NAKATA, On compiling algorithms for arithmetic expressions, Comm. ACM **10**, 492–494 (1967).

3.1.4 Präfixform und Postfixform

a) Die Zerlegung des Ausdrucks in Präfixform läßt sich in der folgenden Weise graphisch als Vorgang veranschaulichen:

3.1.4 Präfixform und Postfixform

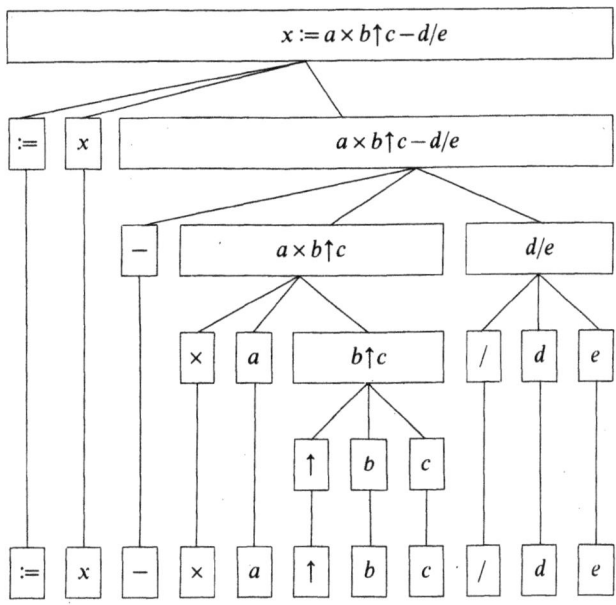

Die Zerlegung in zwei Teilausdrücke wird an einer Stelle vorgenommen, an der ein Operator niedrigster Priorität steht. Man erhält also schließlich

$$\text{Präfixform:} \quad := x - \times a\uparrow bc/de \; ,$$
$$\text{Postfixform:} \quad xabc\uparrow \times de/- := \; .$$

b) Bei der üblichen Schreibweise kann man mit Hilfe der arithmetischen Klammern zusammengesetzte Ausdrücke als Operanden einsetzen. Die Klammern und die bekannten Vorrangregeln für Operatoren legen die Reihenfolge der Ausführung der Operationen fest. Da bei der Präfix- bzw. Postfixform die Operatoren in der Reihenfolge der Aufschreibung von rechts bzw. von links her verarbeitet werden, sind Vorrangregeln durch Prioritäten oder Klammern überflüssig.

Außerdem ist bereits durch die Aufschreibung festgelegt, welcher Teilausdruck Operand welchen Operators ist, wodurch Klammern überflüssig werden.

Das Beispiel in
Präfixform mit Klammern:

$$:= x - /(+ a \times bc) d \times (+ ef)(-gh)$$

ohne Klammern:

$$:= x - / + a \times bcd \times + ef - gh$$

Postfixform mit Klammern:

$$x\,(a\ bc\times\,+\,)\,d\,/\,(ef+)\,(gh-)\times\,-\,:=$$

ohne Klammern:

$$xabc\times\,+\,d/ef+gh-\,\times\,-\,:=$$

Anmerkung:
Man beachte, daß bei beiden Schreibweisen die Reihenfolge der Operanden die gleiche ist. Man beachte auch, daß die polnische Schreibweise als rückwärts gelesene Postfixform mit der Präfixform nicht übereinstimmt, und zwar bezüglich der Reihenfolge der Operanden.

3.1.5 Kollaterale Auswertung von Operanden

Der Ausdruck ist unzulässig, weil fehlerhaft: Er enthält Prozeduraufrufe mit Seiteneffekten, die Auswirkungen auf andere Teilausdrücke haben. Wegen der Vorschrift der kollateralen Auswertung von Operanden ist das Ergebnis nicht eindeutig bestimmt: Es hängt davon ab, ob ein Aufbrechen des Ausdrucks von rechts nach links oder umgekehrt erfolgt. Der Inhalt von a beim Auftreten als Operand von / kann z.B. der vorbesetzte, der um 1 oder der um 2 erhöhte Wert sein.

Anmerkung:
Eine bedeutsame Konsequenz der Vorschrift (BAUER-GOOS I, 2.5.5), Operanden seien kollateral zu verarbeiten, ist, daß gemeinsame Teilausdrücke nur einmal berechnet werden müssen. Man beachte in diesem Zusammenhang, daß

$$random \times random$$

ebenfalls unzulässig ist und durch

int $h = random$; $h \times random$

ersetzt werden müßte, wenn das Produkt zweier Zufallswerte verlangt ist.

3.1.6 Relationen, Boolesche Operationen und bedingte Ausdrücke

Da in dem Ausdruck keine (parameterlose) Rechenvorschrift vorkommt, kann die Methode von BAUER-GOOS I, 3.1.4, angewandt werden. Es ergibt sich

```
        if 0 ≤ x then
           if x ≤ 1 then sqrt(x × (1 − x)); goto m2
                    else goto m1 fi
                    else goto m1          fi ;
m1 :    sqrt(x × (x − 1));
m2 :    ~~~   .
```

Um diesen Ausdruck auf Ein-Adreß-Form zu überführen, ist es zweckmäßig, die Bedingungen zu negieren und gleichzeitig Ja- und Nein-Formel zu vertauschen:

3.1.6 Relationen, Boolesche Operationen und bedingte Ausdrücke

```
           if 0 > x then goto ml
                   else if x > 1 then goto ml
                                 else sqrt(x × (1 − x)); goto m2 fi
                                                                   fi
ml :       sqrt(x × (x − 1));
m2 :       ~~~ .
```

Nunmehr ergibt sich sogleich

```
(1)              AC := x ;
(2)              if AC < 0 then goto ml fi ;
(3)              AC := 1 ;
(4)              AC := AC − x ;
(5)              if AC < 0 then goto ml fi ;
(6)              AC := 1 ;
(7)              AC := AC − x ;
(8)              AC := AC × x ;
(9)              AC := sqrt(AC) ;
(10)                             goto m2 ;
(11)       ml :  AC := x ;
(12)             AC := AC − 1 ;
(13)             AC := AC × x ;
(14)             AC := sqrt(AC) ;
(15)       m2 :  ~~~ .
```

Verschiedene Optimierungen sind möglich; so können Zeile 6 und Zeile 7 entfallen, da in Zeile 3 und Zeile 4 dasselbe schon berechnet wird. Auch kann Zeile 9 gestrichen werden, wenn gleichzeitig die Marke m2 eine Zeile hochgerückt wird. Dahinter steckt natürlich, daß man von Anfang an hätte schreiben können

$$sqrt(\text{if } 0 \leq x \wedge x \leq 1 \text{ then } x \times (1 − x) \text{ else } x \times (x − 1) \text{ fi}) \quad .$$

Überdies könnte man auch

$$sqrt(x \times \text{if } 0 \leq x \wedge x \leq 1 \text{ then } 1 − x \text{ else } x − 1 \text{ fi})$$

schreiben, entsprechend die Zeile 8 streichen und gleichzeitig die Marke m2 eine weitere Zeile hochrücken:

```
(5)              if AC < 0 then goto ml fi ;
(6)                              goto m2 ;
(7)        ml :  AC := x ;
(8)              AC := AC − 1 ;
(9)        m2 :  AC := AC × x ;
(10)             AC := sqrt(AC) ;
(11)             ~~~ .
```

Nunmehr können auch die Zeilen 5 und 6 unter Umkehr der Bedingung zu

if AC $\geq$ 0 then goto *m2* **fi**

vereinfacht werden. Es ergibt sich schließlich

AC := x;
if AC < 0 then goto *ml* **fi**;
AC := 1;
AC := AC $-x$;
if AC $\geq$ 0 then goto *m2* **fi**;
ml: AC := AC $-$ 1;
m2: AC := AC $\times x$;
AC := *sqrt*(AC) .

Anmerkung:
Die letzte Fassung legt nahe, die Betragsbildung heranzuziehen. In der Tat besagt sie

$sqrt(x \times$ **if** $0 \leq x$ **then abs**$(1-x)$ **else** $-(1-x)$ **fi**) .

Für $0 > x$ stimmt aber $1-x$ mit **abs**$(1-x)$ überein, deshalb kann man auch schreiben

$sqrt(x \times$ **if** $0 \leq x$ **then abs**$(1-x)$ **else** $-$**abs**$(1-x)$ **fi**)

und gewinnt somit

$(sqrt($**abs** $x \times$ **abs**$(1-x)))$,

was bekanntlich auch als $sqrt($**abs**$(x \times (1-x)))$ geschrieben werden kann.

Die Aufgabe zeigt, daß Optimierungen auf zu niedrigem Niveau unübersichtlich werden. Optimierungen sollen stets auf dem Niveau erfolgen, auf dem sie gerade möglich werden.

3.1.7 Relationen mit eingeschränktem Befehlsvorrat

Die folgenden Mengen R' sind minimal:

$$R'_1 = \{<\}, \quad R'_2 = \{\leq\}, \quad R'_3 = \{\geq\}, \quad R'_4 = \{>\} .$$

(I) Wir führen den Nachweis für $R'_1 = \{<\}$.
(1) $a = b \asymp \neg(a<b) \land \neg(b<a) \asymp \neg(a-b<0) \land \neg(b-a<0)$.

```
        0+a
        -b
        if AC<0 then goto F fi
        0+b
        -a
        if AC<0 then goto F fi
    W:  0+true
        goto M
    F:  0+false
    M:
```

3.1.7 Relationen mit eingeschränktem Befehlsvorrat

(2) $a \neq b \asymp \neg(a=b)$.

Das gesuchte Programm entsteht aus dem für (1) durch die Ersetzung

(E): W: **0 + true** → W: **0 + false**
           F: **0 + false** → F: **0 + true** .

(3) $a<b \asymp a-b<0$.

```
     0 + a
      - b
     if AC < 0 then goto W fi
F:   0 + false
     goto M
W:   0 + true
M:
```

(4) $a \geq b \asymp \neg(a<b)$.

Das gesuchte Programm entsteht aus dem für (3) durch die Ersetzung (E) (vgl. (2)).

(5) $a>b \asymp b<a \asymp b-a<0$.

```
     0 + b
      - a
     if AC < 0 then goto W fi
F:   0 + false
     goto
W:   0 + true
M:
```

(6) $a \leq b \asymp \neg(a>b)$.

Das gesuchte Programm entsteht aus dem für (5) durch die Ersetzung (E) (vgl. (2)).

(II) Der Nachweis für $R'_2 = \{\leq\}$ beruht auf den folgenden Äquivalenzen:

(1) $a=b \asymp a \leq b \wedge b \leq a \asymp a-b \leq 0 \wedge b-a \leq 0$,

(2) $a \neq b \asymp \neg(a=b)$,

(3) $a \leq b \asymp a-b \leq 0$,

(4) $a>b \asymp \neg(a \leq b)$,

(5) $a \geq b \asymp b \leq a \asymp b-a \leq 0$,

(6) $a<b \asymp \neg(a \geq b)$.

(III) Entsprechend kann der Nachweis für $R'_3 = \{\geq\}$ und $R'_4 = \{>\}$ geführt werden. Man beobachtet in allen vier Fällen, daß die Programme für die Relationen =, ≠ zwei bedingte Sprünge enthalten.

Anmerkung:
Wenn a und b ganze Zahlen, also von der Art **int** sind, dann sind auch die Mengen $R'_5 = \{=\}$ und $R'_6 = \{\neq\}$ minimal.

Die Grundidee für die entsprechenden Programme wird durch folgende Beziehung dargelegt:

$$a < b \rightleftarrows a \neq b \land \exists i > 0 : a + i = b \land \neg \exists j > 0 : a = b + j \;.$$

Es ist übersichtlicher, das Programm, das mit Hilfe von $R'_5 = \{=\}$ die Relation $<$ realisiert, erst in seiner ALGOL-Form anzugeben:

> **if** $a - b = 0$ **then false else**
>   **int** $aa := a + 1$, **int** $bb := b + 1$;
>   **while** $\neg(aa - b = 0 \lor a - bb = 0)$ **do**
>   ⌈ $aa := aa + 1$, $bb := bb + 1$ ⌋ ;
> $aa - b = 0$
> **fi** .

Somit erhält man das gewünschte Programm durch Übersetzung aus der ALGOL-Form:

        0+a
        −b
        if AC=**0 then goto** *M1* **fi**
        0+a
        +1
        ⇒aa
        0+b
        +1
        ⇒bb
M0: **0**+aa
        −b
        if AC=**0 then goto** *M2* **fi**
        0+a
        −bb
        if AC=**0 then goto** *M1* **fi**
        0+aa
        +1
        ⇒aa
        0+bb
        +1
        ⇒bb
        goto *M0*
M1: **0**+**false**
        goto *M3*
M2: **0**+**true**
M3:

Es ist damit klar, daß eine Einschränkung der Menge R auf R'_5 bzw. R'_6 für ganze Zahlen zwar theoretisch möglich, praktisch aber untragbar ist.

3.1.8 Wiederholungsanweisung

a) Das Programmstück ist auf Grund der Definition von Wiederholungsanweisungen durch folgende Anweisungen zu ersetzen:

```
int s:=0;
begin
        int j:=1,
        int l=n;
wiederhole: if j≤l then
                int i=j;
                s:=s+i↑2;
                j:=j+1;
                goto wiederhole
        fi
end .
```

Dabei ergibt sich gegenüber BAUER-GOOS I, 2.8.1, durch den a priori bekannten Schritt eine Vereinfachung der Abfrage.

Anmerkung:
Da i bzw. n im vorliegenden Einzelfall in der Anweisung hinter **do** nicht linksseitig auftritt, kann man auf die Einführung von j bzw. k auch verzichten und das Programmstück durch die nachfolgenden Anweisungen ersetzen:

```
int s:=0;
begin
        int i:=1;
wiederhole: if i≦n then
                s:=s+i↑2;
                i:=i+1;
                goto wiederhole
        fi
end ,
```

falls man irgendwie sicherstellen kann, daß n ein zahlartiges Objekt oder eine Referenz auf ein solches (und nicht eine parameterlose Rechenvorschrift!) ist.

b) Für die Überführung in Ein-Adreß-Form wird die zweite in a) gegebene Darstellung verwendet:

```
            0+0
            ⇒s
            0+1
    M1:     ⇒i
wiederhole: −n
```

130 Lösungen: 3 Maschinenorientierte algorithmische Sprachen

```
            if AC>0 then goto M2 fi
            0+i
            ↑2   (oder ×i, Ausnutzung der Kommutativität)
            +s
            ⇒s
            0+i
            +1
            goto M1
       M2:
```

Anmerkung:
Die hier vorgenommene Einsparung eines $0+i$ nach der Marke *wiederhole* und eines $\Rightarrow i$ vor dem Rücksprung erfordert, wie fast jede Optimierungsmaßnahme, sorgfältige Überlegungen.

3.1.9 Wirkungsweise der Wiederholungsanweisung

Gleichwertig mit (I) ist folgendes Programm:

(II)
```
            begin
               int s:=0, a:=1, b:=1, c:=3;
               begin
                  int j:=a, int k=b, e=c;
            TEST: if (j-e)×k≥0
                  then
                     int i=j;
                     s:=s+i↑2;
                     (*)
                     ~~~~
                     j:=j+k;
                     goto TEST
                  fi
               end
            end  .
```

a) Die Anweisung $a:=a+1$ beeinflußt den weiteren Ablauf der Wiederholungsanweisung nicht mehr, da der Inhalt von a vor Beginn der Schleife berechnet wird und nur zur Vorbesetzung von j dient. Die Vereinbarung **int** $j:=a$ wird nur einmal durchlaufen.

b) Die Anweisung $b:=b+1$ beeinflußt den weiteren Ablauf der Wiederholungsanweisung nicht mehr. Der Inhalt von b wird vor Beginn der Schleife berechnet und mit der neuen Bezeichnung k versehen. Anschließend wird nur noch auf k zugegriffen.

c) Für die Anweisung $c:=c+1$ gilt analog das unter b) Gesagte.

3.1.10 Rechenvorschrift mit Parametern

a) Das Programmstück mit offenem Einbau der Rechenvorschrift:

    ref real $x =$ **loc real**

    real $a = 1.0$
    real $b = 2.0$
    $AC := a$
    $AC := AC \times a$
    $h1 \; := AC$
    $AC := b$
    $AC := AC \times b$
    $AC := AC + h1$

    $k1 \; := AC$

    real $a = 3.0$
    real $b = 4.0$
    $AC := a$
    $AC := AC \times a$
    $h1 \; := AC$
    $AC := b$
    $AC := AC \times b$
    $AC := AC + h1$

    $AC := AC + k1$
    $x := AC$.

Nach der ersten Ausführung der Rechenvorschrift ist die Zwischenergebnisvariable $h1$ freigeworden. Verwendet man sie jedoch für das Ergebnis des Aufrufs, so müßte in der zweiten Kopie eine andere Variable, etwa $h2$, verwendet werden. Aus diesem Grunde wurde $k1$ eingeführt (vgl. b)).

b) Das Programmstück mit geschlossenem Einbau der Rechenvorschrift:

    goto M

    P: ⌈ **real** $a =$ **PAR1**
        real $b =$ **PAR2**
        $AC := a$
        $AC := AC \times a$
        $h1 \; := AC$
        $AC := b$
        $AC := AC \times b$
        $AC := AC + h1$ ⌋

$$M: \quad \textbf{ref real } x = \textbf{loc real}$$
$$\textbf{PAR1} := 1.0$$
$$\textbf{PAR2} := 2.0$$
$$\textbf{go } \overleftarrow{\rightharpoondown} P$$
$$kl := \textbf{AC}$$
$$\textbf{PAR1} := 3.0$$
$$\textbf{PAR2} := 4.0$$
$$\textbf{go } \overleftarrow{\rightharpoondown} P$$
$$\textbf{AC} := \textbf{AC} + kl$$
$$x := \textbf{AC} \quad .$$

Adressierung

3.2.1 Speicherabbildungsfunktion

$$f(i_1, i_2, \ldots, i_r) = k_2 k_3 \ldots k_r (i_1 - m_1) + k_3 \ldots k_r (i_2 - m_2) + \cdots + k_r (i_{r-1} - m_{r-1}) + i_r - m_r + \hat{m}$$
$$= (\ldots((i_1 k_2 + i_2) k_3 + i_3) k_4 + \cdots + i_{r-1}) k_r + i_r$$
$$\quad - ((\ldots((m_1 k_2 + m_2) k_3 + m_3) k_4 + \cdots + m_{r-1}) k_r + m_r) + \hat{m},$$

wo die letzte Zeile der konstante Anteil const ist. Bei der angegebenen Wahl von $\hat{m}$ wird also const $= 0$.

3.2.2 Kantenlängen, Schrittweiten und reduzierte Anfangsadresse

a) $\quad$ Adresse$(\hat{a}[\hat{m}])$ = Adresse $(a[m_1, \ldots, m_r]) = AA$
$\qquad\qquad\qquad\quad$ = Adresse $(\hat{a}[0]) + \hat{m} \times w$,
$\quad$ Adresse$(\hat{a}[0])$ = $AA - \hat{m} \times w$

mit $\quad \hat{m} = (\ldots(m_1 \times k_2 + m_2) \times k_3 + \cdots + m_{r-1}) \times k_r + m_r$
und $\quad w =$ Anzahl der Worte pro Feldkomponente.

b) Allgemein gilt:

$$a[i_1, \ldots, i_r] \leftrightarrow \hat{a}[(\ldots(i_1 \times k_2 + i_2) \times k_3 + \cdots) \times k_r + i_r],$$

d. h. Adresse$(a[i_1, \ldots, i_r])$

$\qquad$ = Adresse$(\hat{a}[0]) + ((\ldots(i_1 \times k_2 + i_2) \times k_3 + \cdots) \times k_r + i_r) \times w$
$\qquad$ = $AA - \hat{m} \times w + ((\ldots(i_1 \times k_2 + i_2) \times k_3 + \cdots) \times k_r + i_r) \times w$.

Für die Schrittweiten gilt:
$$d_r = 1$$
$$d_{r-1} = k_r$$
$$\vdots$$
$$d_i = k_{i+1} \ldots k_r$$
$$\vdots$$
$$d_1 = k_2 k_3 \ldots k_r, \quad \text{d.h.}$$

$\text{Adresse}(a[i_1, \ldots, i_r]) = AA - \hat{m} \times w + (i_1 \times d_1 + i_2 \times d_2 + \cdots + i_r \times d_r) \times w$.

Das Horner-Schema wird also durch ein Skalarprodukt ersetzt.

3.2.3 Spaltenweise Speicherung eines Feldes

Es werde $a[i_1, \ldots, i_r]$ auf $\hat{b}[\hat{i}]$, $a[j_1, \ldots, j_r]$ auf $\hat{b}[\hat{j}]$ abgebildet.
Für die zeilenweise Speicherung gilt:

$$\hat{i} < \hat{j} \asymp \exists v \leq r \quad \text{mit} \quad i_n = j_n, n = 1, \ldots, v-1$$
$$\text{und} \quad i_v < j_v,$$
$$\hat{i} = \hat{j} \asymp i_n = j_n \quad \forall_n.$$

Für die spaltenweise Speicherung gilt:

$$\hat{i} < \hat{j} \asymp \exists v \geq 1 \quad \text{mit} \quad i_n = j_n, \quad n = v+1, \ldots, r, \quad i_v < j_v.$$

Man hat insgesamt

k_r $(r-1)$-stufige Felder der Indikation
          $[m_1 : n_1, \ldots, m_{r-1} : n_{r-1}]$ **real**
$k_r \cdot k_{r-1}$ $(r-2)$-stufige Felder der Indikation
          $[m_1 : n_1, \ldots, m_{r-2} : n_{r-2}]$ **real**
$\vdots$
$k_r \ldots k_2$ 1-stufige Felder der Indikation
          $[m_1 : n_1]$ **real** .

a wird abgebildet auf $[\hat{s} : \hat{s} + K - 1]$ **real** $\hat{b}$

(d.h.)   mit $\hat{s} = (\ldots (m_r \times k_{r-1} + m_{r-1}) \times k_{r-2} + \cdots) \times k_1 + m_1$,
      $a[0, \ldots, 0] \overset{g}{\leftrightarrow} \hat{b}[0])$
und $K = k_1 k_2 \ldots k_r$.

Damit ergibt sich für g:

$$a[i_1, \ldots, i_r] \overset{g}{\leftrightarrow} \hat{b}[(\ldots(i_r \times k_{r-1} + i_{r-1}) \times k_{r-2} + \cdots) \times k_1 + i_1].$$

3.2.4 Lineare Fortschaltung

Es ist $k1 = k2 = n$, Die Abbildung auf das 1-stufige Feld $\hat{a}$ bzw. auf $\hat{b}$ liefert:

(1) $a[i, j] \leftrightarrow \hat{a}[i \times k2 + j].$

          Der Anfangswert ist $a[i, 1] \leftrightarrow \hat{a}[i \times k2 + 1]$.
          Das Inkrement ist   1.

(2) $a[j,i] \leftrightarrow \hat{a}[j \times k2 + i]$.

Der Anfangswert ist $a[1,i] \leftrightarrow \hat{a}[k2 + i]$.
Das Inkrement ist $k2$.

(3) $b[i,j] \leftrightarrow \hat{b}[i \times k2 + j]$.

Der Anfangswert ist $b[i,1] \leftrightarrow \hat{b}[i \times k2 + 1]$.
Das Inkrement ist 1.

(4) $b[j,j] \leftrightarrow \hat{b}[j \times k2 + j]$.

Der Anfangswert ist $b[1,1] \leftrightarrow \hat{b}[k2 + 1]$.
Das Inkrement ist $k2 + 1$.

Es genügen drei Indexregister jeweils zur Erhöhung der Adressen um 1 bzw. $k2$ bzw. $k2+1$.

3.2.5 Lineare Fortschaltung für geschachtelte Wiederholungsanweisungen

Das Feld a wird auf ein 1-stufiges Feld $\hat{a}$ mit der Indikation **ref** $[0:21 \times 31 - 1]$ **real** abgebildet.

Für $a[i,j]$ gilt: $a[i,j] \leftrightarrow \hat{a}[i \times 31 + j]$.

Die Anweisung $a[i,j] := 0$ kann durch

$$\text{IR} := i \times 31 + j; \quad \hat{a}[\text{IR}] := 0$$

ersetzt werden.

SCHRITT 1

Lineare Fortschaltung bezüglich der inneren Wiederholungsanweisung: **IR** wird vorbesetzt mit $i \times 31$ und erhöht um $j = 3$. Das Programmstück wird ersetzt durch

```
for i from 0 by 2 to 20 do
  begin IR := i × 31;
    for j from 0 by 3 to 30 do
      begin
        â[IR] := 0;
        IR := IR + 3
      end
  end .
```

SCHRITT 2

Lineare Fortschaltung bezüglich der äußeren Wiederholungsanweisung: Für $i \times 31$ wird eine Hilfsvariable h eingeführt, deren Inhalt bezüglich der äußeren Wiederholungsanweisung rekursiv bestimmt werden kann.

3.2.5 Lineare Fortschaltung für geschachtelte Wiederholungsanweisungen 135

```
        begin
            int h:=0;
            for i ..... do
                begin IR:=h;
                      }
                      }
                      h:=h+62
                end      co i × 31 erhöht sich bei jedem
                         Schritt um 2 × 31 = 62 co
        end  .
```

Da statisch bekannt ist, daß IR in der inneren Wiederholungsanweisung jeweils elfmal um 3, also insgesamt um 33 erhöht wird, kann man h mit IR identifizieren und dieses jeweils in der äußeren Wiederholungsanweisung um $62-33=29$ erhöhen. (Hinweis: i. allg. verzichtet man auf diese Identifizierung, da dynamisch festgestellt werden muß, um welchen Wert IR in der inneren Wiederholungsanweisung erhöht wurde.)

Es ergibt sich folgendes Programmschema:

```
            IR:=0;
            for i from 0 by 2 to 20 do
            begin
                for j from 0 by 3 to 30 do
                begin
                    â[IR]:=0;
                    IR:=IR+3
                end;
                IR:=IR+29
            end  .
```

SCHRITT 3

Überführung in eine Folge von Ein-Adreß-Befehlen: i und j dienen nur noch als Zähler, die auch von 0 bis 10 zählen können, ohne die Bedeutung des Programms zu verändern. Auf i kann man verzichten, wenn man als Abbruchkriterium das Überschreiten des höchsten Indexwertes für IR verwendet. Damit ergibt sich:

```
            IR:=0;
        M:  for j from 0 to 10 do
            begin
                â[IR]:=0;
                IR:=IR+3
            end;
            IR:=IR+29;
            if IR ≤ 650 then goto M fi  .
```

Dieses Programmstück wird in Ein-Adreß-Form überführt und liefert:

$$
\begin{aligned}
&0 \Rightarrow \textsf{IR} \\
&M: \quad 0+0 \\
&L1: \quad \Rightarrow j \\
& -10 \\
& \textbf{if AC}<\textbf{0 then goto } L2 \textbf{ fi} \\
& 0+0 \\
& \Rightarrow \hat{a}[\textsf{IR}] \\
& \textsf{IR}+3 \Rightarrow \textsf{IR} \\
& 0+j \\
& +1 \\
& \textbf{goto } L1 \\
&L2: \quad \textsf{IR}+29 \Rightarrow \textsf{IR} \\
& 0+\textsf{IR} \\
& -650 \\
& \textbf{if AC} \leq \textbf{0 then goto } M \textbf{ fi} \ .
\end{aligned}
$$

Anmerkung:
Wenn das Befehlsrepertoire bedingte Sprungbefehle enthält, welche Indexregisterinhalte abfragen, so kann es günstiger sein, **IR** mit 650 vorzubesetzen, herunter zu zählen und **IR** < 0 als Abbruchkriterium zu benutzen.

3.2.6 Adreßbuch

Hinweis: Durch **ref real** $a = \textbf{loc real}$ wird ein Phantasiename abgerufen und mit der Bezeichnung a versehen. Der Wert des so bezeichneten Objektes ist ein Bezug auf ein Objekt der Art **real**, für das Speicherplatz benötigt wird. Durch **ref int** $e = b$ wird kein neuer Phantasiename abgerufen, sondern lediglich das bereits durch b bezeichnete Objekt (ein Bezug auf ein Objekt der Art **int**) außerdem über die Bezeichnung e zugänglich gemacht. Hierbei wird kein neuer Speicherplatz benötigt.

Für das Adreßbuch mit Initialisierung ergibt sich:

Bezeichnung	Adresse	Speicherinhalt
a	100_0	} skip
	101_0	
b	102_0	4
z	103_0	}
	104_0	
	105_0	skip
	106_0	}
c	107_0	nil

3.2.7 Namensvariable

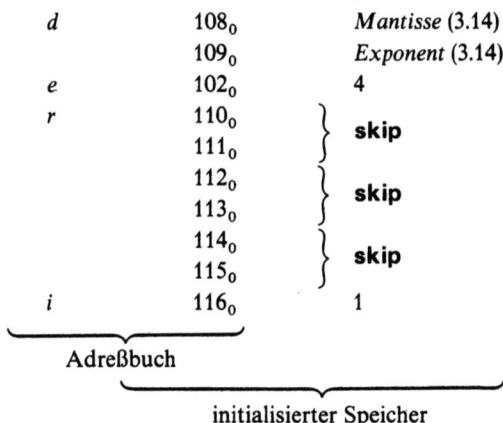

3.2.7 Namensvariable

a) Adreßbuch

Bezeichnung	Adresse
iii	100_0
ii	101_0
i	102_0
kk	103_0
k	104_0

b) Belegung des Speichers beim 1. bis 3. Durchlauf durch die Marke M bzw. bei Programmende:

		1.	2.	3.	Programm-ende
100_0	⊥	101_0	101_0	101_0	101_0
101_0	⊥	102_0	102_0	102_0	102_0
102_0	⊥	3	6	12	24
103_0	⊥	102_0	102_0	102_0	102_0
104_0	⊥	3	3	3	3

(Der Wert eines Objektes der Art **ref** ›art‹ ist die Adresse einer Speicherzelle.)

c) Die Überführung in Ein-Adreß-Form liefert:

$0+3$	
$\Rightarrow 104_0$	$k := 3$
$0+101_0$	
$\Rightarrow 100_0$	$iii := ii$
$0+102_0$	
$\Rightarrow 101_0$	$ii := i$
$0+\text{cont } 101_0$	
$\Rightarrow 103_0$	$kk := \text{cont } ii$
$0+\text{cont } 104_0$	
$\Rightarrow \text{cont } 103_0$	$\text{cont } kk := \text{cont } k$
$M: 0+\text{cont cont } 100_0$	
$\Rightarrow 105_0$	$hz := \text{cont cont } iii$ (d.h. $hz := i$)
$0+\text{cont cont } 105_0$	
$+\text{cont } 102_0$	
$\Rightarrow \text{cont } 103_0$	$\text{cont } kk := \text{cont cont } hz + \text{cont } i$
$0+\text{cont } 102_0$	
-24	
if $AC<0$ **then goto** M **fi**	**if cont** $i<24$ **then goto** M **fi**

In der Anweisung **cont** $kk := iii + i$ erfordert iii eine dreifache Dereferenzierung. Da der Befehlsvorrat höchstens zwei **cont**-Operationen zuläßt, muß ein Zwischenergebnis hilfsgespeichert werden. Es wird also zusätzlich zu den im Programm vereinbarten Größen eine Hilfsgröße hz der Art **ref ref int** benötigt, der im Speicher die nächste freie Zelle mit einer Adresse 105_0 zugeordnet wird.

3.2.8 Geflecht; statische Speicherverteilung

a) Die Zurückführung der erzeugten Objekte auf Speicherzellen liefert folgende Zuordnung (Adreßbuch):

Bezeichnung:	Speicherzellen:	Belegung bei Programmende:
x	100_0	nil
	101_0	„x"
	102_0	nil
y	103_0	nil
	104_0	„y"
	105_0	nil
term	106_0	113_0
loc ausdruck	107_0	100_0
	108_0	„$+$"
	109_0	103_0

3.2.8 Geflecht; statische Speicherverteilung

loc ausdruck	110_0	107_0
	111_0	„/"
	112_0	103_0
loc ausdruck	113_0	107_0
	114_0	„−"
	115_0	110_0

b) Das Programm in Ein-Adreß-Form:

$0 +$ **nil**
$\Rightarrow 100_0$
$\Rightarrow 102_0$ $\quad\Big\}\; x := ($**nil**$,\, \text{„}x\text{"},\, $**nil**$)$
$0 + \text{„}x\text{"}$
$\Rightarrow 101_0$

$0 +$ **nil**
$\Rightarrow 103_0$
$\Rightarrow 105_0$ $\quad\Big\}\; y := ($**nil**$,\, \text{„}y\text{"},\, $**nil**$)$
$0 + \text{„}y\text{"}$
$\Rightarrow 104_0$

$0 + 100_0$
$\Rightarrow 107_0$
$0 + \text{„}+\text{"}$
$\Rightarrow 108_0$ $\quad\Big\}\;$ **loc ausdruck** $:= (x,\, \text{„}+\text{"},\, y)$
$0 + 103_0$
$\Rightarrow 109_0$

$0 + 107_0$
$\Rightarrow 106_0$ $\quad\Big\}\;$ *term* $:=$ **loc ausdruck**

$0 +$ **cont** 106_0
$\Rightarrow 110_0$
$0 + \text{„}/\text{"}$
$\Rightarrow 111_0$ $\quad\Big\}\;$ **loc ausdruck** $:= ($**cont** *term*$,\, \text{„}/\text{"},\, y)$
$0 + 103_0$
$\Rightarrow 112_0$

$0 + 110_0$
$\Rightarrow 106_0$ $\quad\Big\}\;$ *term* $:=$ **loc ausdruck**

$0 +$ **cont cont** 106_0
$\Rightarrow 113_0$
$0 + \text{„}-\text{"}$
$\Rightarrow 114_0$ $\quad\Big\}\;$ **loc ausdruck** $:= ($*linksoperand* **of** $($**cont** *term*$),\, \text{„}/\text{"},\, $**cont** *term*$)$
$0 +$ **cont** 106_0
$\Rightarrow 115_0$

$0 + 113_0$
$\Rightarrow 106_0$ $\quad\Big\}\;$ *term* $:=$ **loc ausdruck**

4. Kapitel

Schaltnetze und Schaltwerke

Schaltfunktionen und Schaltnetze

4.1.1 Wechselschalter

Sei $f(\mathsf{O},\mathsf{O}) = \gamma$, $\gamma \in \{\mathsf{O}, \mathsf{L}\}$.

Dann ist nach (∗)

$$f(\mathsf{O},\mathsf{L}) = f(\mathsf{L},\mathsf{O}) = \neg\gamma \quad \text{und}$$
$$f(\mathsf{L},\mathsf{L}) = \gamma.$$

Somit ist nach dem Normalform-Theorem

$$f(a,b) = (\gamma \wedge a \wedge b) \vee (\neg\gamma \wedge a \wedge \neg b) \vee (\neg\gamma \wedge \neg a \wedge b) \vee (\gamma \wedge \neg a \wedge \neg b).$$

Für $\gamma = \mathsf{O}$
$$f(a,b) = (a \wedge \neg b) \vee (\neg a \wedge b) = a \not\equiv b.$$

Für $\gamma = \mathsf{L}$
$$f(a,b) = (a \wedge b) \vee (\neg a \wedge \neg b) = a \equiv b.$$

Anmerkung:
Die Lampe in dem Schaltkreis (Abb. 120) brennt genau dann, wenn die Schalterstellungen a und b oder die Schalterstellungen $\neg a$ und $\neg b$ vorliegen (Wechselschalter).

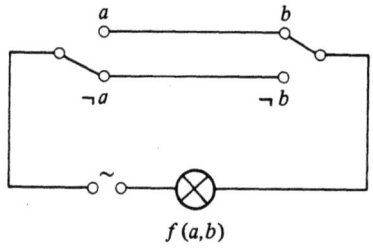

Abb. 120. Wechselschalter

4.1.2 Normalform

Es ist

$$\neg f(a,b) = (a \wedge b) \vee (\neg a \wedge \neg b) \quad \text{(Wechselschalter).}$$

Einsetzen ergibt

$$S(a,b,c) = (((a \wedge b) \vee (\neg a \wedge \neg b)) \wedge c) \vee (((\neg a \wedge b) \vee (a \wedge \neg b)) \wedge \neg c)$$
$$= (a \wedge b \wedge c) \vee (\neg a \wedge \neg b \wedge c) \vee (\neg a \wedge b \wedge \neg c) \vee (a \wedge \neg b \wedge \neg c).$$

Dies ist die adjunktive Normalform. Der Lösungsweg über die Wertetafel ist kaum einfacher:

a	b	c	$\neg a \wedge b$	$a \wedge \neg b$	$f(a,b)$	$\neg f(a,b) \wedge c$	$f(a,b) \wedge \neg c$	$S(a,b,c)$
0	0	0	0	0	0	0	0	0
0	0	L	0	0	0	L	0	L
0	L	0	L	0	L	0	L	L
0	L	L	L	0	L	0	0	0
L	0	0	0	L	L	0	L	L
L	0	L	0	L	L	0	0	0
L	L	0	0	0	0	0	0	0
L	L	L	0	0	0	L	0	L

woraus sich die obige Darstellung ergibt. Offenbar ist f symmetrisch in a,b. Somit ist

$$f(a,f(b,c)) = f(f(b,c),a) = S(b,c,a).$$

Nach der Normalformdarstellung ist aber S zyklisch symmetrisch in a,b,c:

$$S(b,c,a) = S(a,b,c).$$

Also: $f(a,f(b,c)) = f(f(a,b),c)$.

4.1.3 Übertragsbildung

Die in der Normalform auftretenden Min-Terme sind durch $\ddot{u} = L$ gekennzeichnet. Ergebnis:

$$\ddot{u}(a,b,c) = (\neg a \wedge b \wedge c) \vee (a \wedge \neg b \wedge c) \vee (a \wedge b \wedge \neg c) \vee (a \wedge b \wedge c).$$

Dies läßt sich zusammenfassen zu

$$\ddot{u}(a,b,c) = (((\neg a \wedge b) \vee (a \wedge \neg b) \vee (a \wedge b)) \wedge c) \vee (a \wedge b),$$

wobei der erste Term aus dem ersten, zweiten und vierten Min-Term, der zweite Term aus dem dritten und vierten Min-Term entsteht. Schließlich erhält man

$$\ddot{u}(a,b,c) = ((a \vee b) \wedge c) \vee (a \wedge b).$$

4.1.4 Auswahlpyramide

Die acht 3-stelligen Dualzahlen haben die Form

$$(a,b,c); \quad a,b,c \in \{O, L\}.$$

Jede der acht Stellen des 1-aus-8-Codes wird gerade durch einen der acht Min-Terme geliefert, die ja für genau eine Kombination der a,b,c den Wert L annehmen. Man erhält den einstufigen Codeumsetzer von Abb. 121.

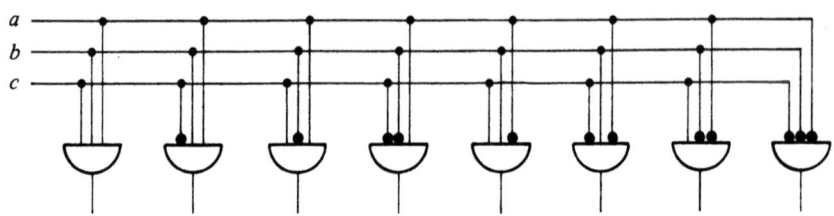

Abb. 121. Einstufiger Codeumsetzer

Allerdings sind Vereinfachungen durch Zusammenfassung möglich. Unter Verwendung von drei Negationen[1] und zwölf zweistelligen Konjunktionen ergibt sich die Pyramidenschaltung (Abb. 122).

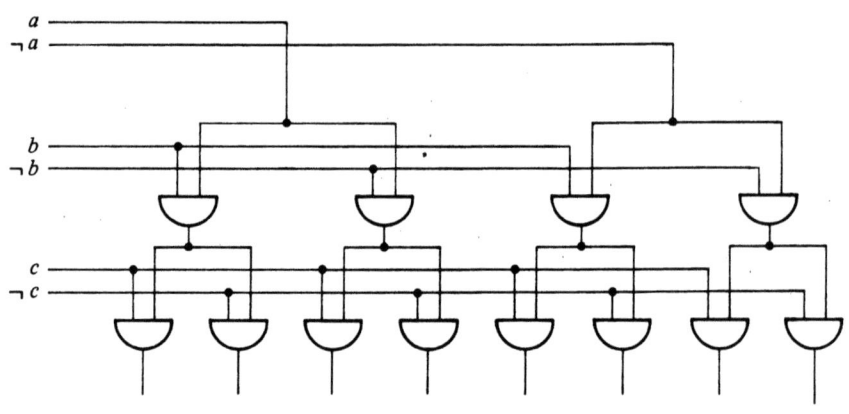

Abb. 122. Pyramidenschaltung

---

[1] Am Ausgang von Flipflops steht die negierte Größe mit an. Vgl.: BAUER-GOOS I, Abb. 109.

4.1.5 Schaltnetz vereinfachen

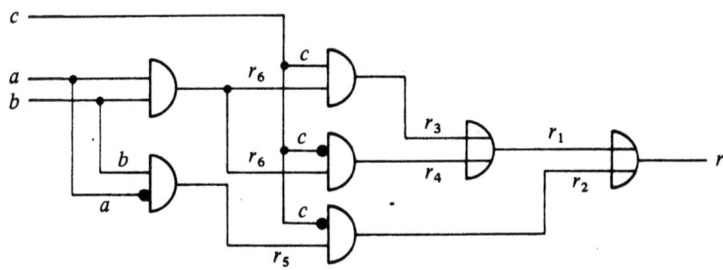

Abb. 123. Schaltnetz mit Zwischenergebnissen

Führt man im Schaltbild (Abb. 123) die Hilfsvariablen r_1 bis r_6 ein, so kann man das folgende Gleichungssystem direkt ablesen

$$r = r_1 \vee r_2,$$
$$r_1 = r_3 \vee r_4,$$
$$r_2 = \neg c \wedge r_5,$$
$$r_3 = c \wedge r_6,$$
$$r_4 = \neg c \wedge r_6,$$
$$r_5 = \neg a \wedge b,$$
$$r_6 = a \wedge b.$$

Durch Elimination der Variablen r_1 bis r_6 erhält man

$$\begin{aligned}r = f(a,b,c) &= ((a \wedge b) \wedge \neg c) \vee ((a \wedge b) \wedge c) \vee ((b \wedge \neg a) \wedge \neg c)\\&= (a \wedge b) \vee ((\neg a \wedge \neg c) \wedge b)\\&= (a \vee (\neg a \wedge \neg c)) \wedge b\\&= (a \vee \neg c) \wedge b.\end{aligned}$$

Damit erhält man als vereinfachtes Schaltnetz (Abb. 124):

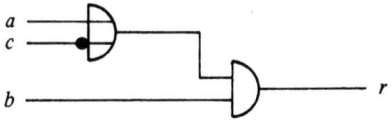

Abb. 124. Vereinfachtes Schaltnetz

4.1.6 Nand-Darstellung

Mit s Variablen gibt es $k = 2^s$ Min-Terme. Diese können wieder auf 2^k Weisen kombiniert werden.

Wertetabellen:

a	g_0	g_1	g_2	g_3
O	O	O	L	L
L	O	L	O	L

$g_1 \cong$ iden
$g_2 \cong$ neg

a	b	f_0	f_1	f_2	f_3	f_4	f_5	f_6	f_7	f_8	f_9	f_{10}	f_{11}	f_{12}	f_{13}	f_{14}	f_{15}
O	O	O	O	O	O	O	O	O	O	L	L	L	L	L	L	L	L
O	L	O	O	O	O	L	L	L	L	O	O	O	O	L	L	L	L
L	O	O	O	L	L	O	O	L	L	O	O	L	L	O	O	L	L
L	L	O	L	O	L	O	L	O	L	O	L	O	L	O	L	O	L

$f_1 \cong$ conjunct, $\quad f_6 \cong$ antiv,
$f_7 \cong$ disjunct, $\quad f_9 \cong$ äquiv.
$f_8 \cong$ nor,
$f_{14} \cong$ nand,

Für die Funktionen nand(a,b) bzw. nor(a,b) hat sich die abgekürzte Schreibweise

$$a \barwedge b \quad \text{bzw.} \quad a \barvee b$$

eingebürgert.
Für die Funktionen einer Variablen gilt:

$g_1(a) = a,$
$g_2(a) = \neg a = a \barwedge a,$
$g_3(a) = a \vee \neg a = \neg(\neg a \wedge a) = \neg a \barwedge a = (a \barwedge a) \barwedge a,$
$g_0(a) = \neg g_3(a) = ((a \barwedge a) \barwedge a) \barwedge ((a \barwedge a) \barwedge a).$

Von den Funktionen zweier Variablen sind

$$f_3(a,b) = a, \quad f_5(a,b) = b$$

trivial. Es ergibt sich

$$f_{15}(a,b) = (a \barwedge a) \barwedge a = g_3(a).$$

Ferner ist

$$f_{14}(a,b) = a \barwedge b.$$

Weiter gilt

$$f_7(a,b) = a \vee b = \neg(\neg a \wedge \neg b) = (a \barwedge a) \barwedge (b \barwedge b)$$

sowie
$$f_{11}(a,b) = a \vee \neg b = \neg(\neg a \wedge b) = (a \barwedge a) \barwedge b,$$
$$f_{13}(a,b) = \neg a \vee b = \neg(a \wedge \neg b) = a \barwedge (b \barwedge b).$$

Schließlich ist
$$f_9(a,b) = (a \wedge b) \vee (\neg a \wedge \neg b)$$
$$= (a \wedge b) \vee \neg(a \vee b)$$
$$= \neg(\neg(a \wedge b) \wedge (a \vee b))$$
$$= (a \barwedge b) \barwedge ((a \barwedge a) \barwedge (b \barwedge b)).$$

Die übrigen Funktionen ergeben sich durch Negierung.
  Um die Nicht-Assoziativität zu zeigen, genügt es, $(a \barwedge a) \barwedge b$ und $a \barwedge (a \barwedge b)$ zu vergleichen:

Es gilt $(a \barwedge a) \barwedge b = a \vee \neg b = f_{11}(a,b)$
und $a \barwedge (a \barwedge b) = \neg a \vee \neg(a \barwedge b)$
$= \neg a \vee (a \wedge b)$
$= (\neg a \vee a) \wedge (\neg a \vee b)$
$= \mathsf{L} \wedge (\neg a \vee b)$
$= \neg a \vee b$
$= f_{13}(a,b) = f_{11}(b,a).$

4.1.7 Nicht-assoziative zweistellige Schaltfunktionen

Mit den unter a) genannten Voraussetzungen ist

$$(\mathsf{O} \sigma \mathsf{O}) \sigma \mathsf{L} = \mathsf{O}$$
$$\mathsf{O} \sigma (\mathsf{O} \sigma \mathsf{L}) = \begin{cases} \mathsf{O} \sigma \mathsf{L} = \mathsf{L} & \text{falls} \quad \mathsf{O} \sigma \mathsf{L} = \mathsf{L} \\ \mathsf{O} \sigma \mathsf{O} = \mathsf{L} & \text{falls} \quad \mathsf{O} \sigma \mathsf{L} = \mathsf{O} \end{cases}$$

Mit den unter b) genannten Voraussetzungen ist

entweder
$(\mathsf{O} \sigma \mathsf{O}) \sigma \mathsf{O} = \mathsf{L} \sigma \mathsf{O}$
$\mathsf{O} \sigma (\mathsf{O} \sigma \mathsf{O}) = \mathsf{O} \sigma \mathsf{L}$
oder
$(\mathsf{L} \sigma \mathsf{L}) \sigma \mathsf{L} = \mathsf{O} \sigma \mathsf{L}$
$\mathsf{L} \sigma (\mathsf{L} \sigma \mathsf{L}) = \mathsf{L} \sigma \mathsf{O}$

Damit sind nach a) nand und nor
    nach b) die durch Implikationen $a \rightarrow b$ und $b \rightarrow a$ und deren Negationen, sowie die durch $a \sigma b = \neg a, a \sigma b = \neg b$ definierten Schaltfunktionen nicht assoziativ.
  Dies sind acht Schaltfunktionen. Die verbleibenden:
conjunct, disjunct, antiv, äquiv sowie die durch $a \sigma b = \mathsf{L}, a \sigma b = \mathsf{O}, a \sigma b = a, a \sigma b = b$ definierten trivialen sind als assoziativ bekannt.

4.1.8 Kalmár-Logik

Eine Konjunktion zeigt Abb. 125, eine Negation Abb. 126.

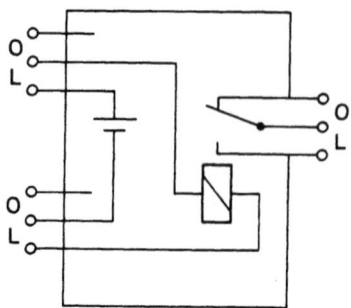

Abb. 125. Konjunktion nach KALMÁR

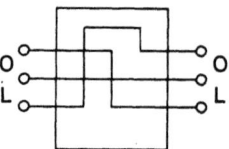

Abb. 126. Negation nach KALMÁR

Eine Disjunktion erhält man nach dem Gesetz von DE MORGAN, wenn man alle Eingänge und Ausgänge der Konjunktion negiert. Eine Negation erzielt man am einfachsten durch umgedrehtes Einstecken der Stecker. Wird das obige Schaltkästchen Konjunktion auf der Vorderseite mit dem Symbol ⇒D—, auf der Rückseite mit dem Symbol ⇒Đ— versehen und werden die Stecker auf der Rückseite mit dem Symbol —•—, auf der Vorderseite unbezeichnet belassen, so ergibt sich das Gesetz von DE MORGAN durch Umdrehen der Schaltung.

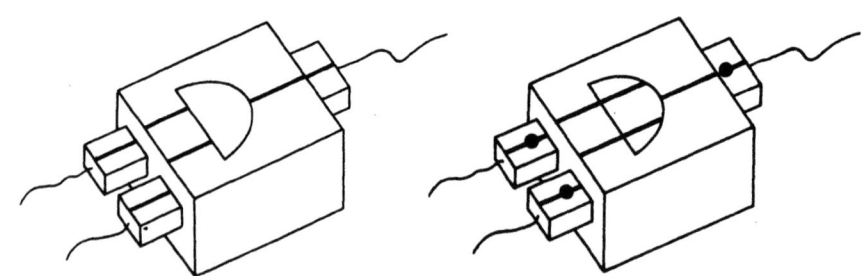

Abb. 127. Veranschaulichung des De Morgan-Gesetzes

Anmerkung:
Diese Realisierung von Schaltnetzen geht auf den ungarischen Mathematiker L. KALMÁR zurück. Sie hat heute, wo Relais durch Halbleiterbauelemente abgelöst worden sind, keine praktische Bedeutung mehr.

4.1.9 Bausteine

Die beiden in BAUER-GOOS I, Abb. 84, dargestellten Schaltungen leisten hier das Gewünschte. Für die Realisierung mit den Bausteinen sind die Schaltungen in ein quadratisches Raster zu übertragen.

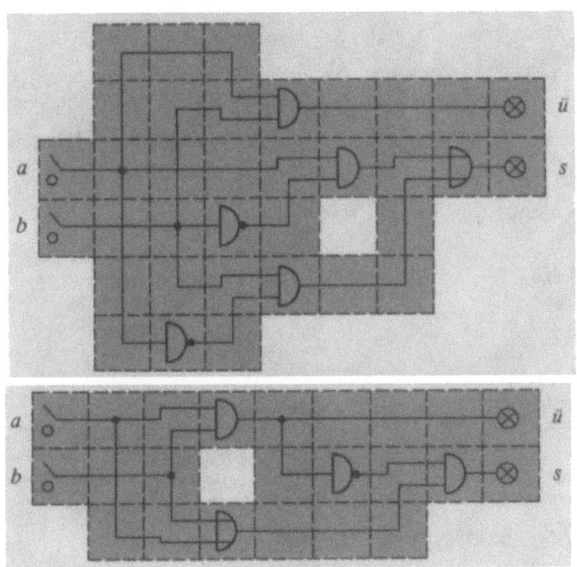

Abb. 128. Halbaddierer aus Bausteinen

Anmerkung:
Aus technischen Gründen – um nämlich möglichst gleiche Signaldurchlaufzeiten zu erreichen – baut man die Schaltungen jedoch so, daß alle Leitungswege von einer Eingabe zu einer Ausgabe möglichst über die gleiche Anzahl von Verknüpfungsgliedern führen.
Man hat für den Halbaddierer dann die folgende Schaltung in Abb. 129.

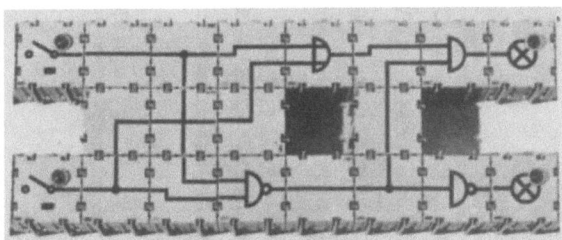

Abb. 129. Halbaddierer mit einheitlichen Signaldurchlaufzeiten

4.1.10 Von ‚direkt' nach ‚Gray'

Die durch BAUER-GOOS I, Abb. 30, nahegelegte Zuordnung:

$$
(a_1 a_2 a_3) = \begin{cases}
\text{O O O} & \leftrightarrow \text{O O O} \\
\text{O O L} & \leftrightarrow \text{O O L} \\
\text{O L O} & \leftrightarrow \text{O L L} \\
\text{O L L} & \leftrightarrow \text{O L O} \\
\text{L O O} & \leftrightarrow \text{L L O} \\
\text{L O L} & \leftrightarrow \text{L L L} \\
\text{L L O} & \leftrightarrow \text{L O L} \\
\text{L L L} & \leftrightarrow \text{L O O}
\end{cases} = (e_1 e_2 e_3)
$$

ist zwar nicht die einzig mögliche – zyklische Verschiebung der Zuordnung wäre ebenso möglich – soll aber für das folgende angenommen werden.

Dann gilt (Abb. 130):

$e_1 = a_1$,

$e_2 = a_2 \not\equiv a_1$,

$e_3 = a_3 \not\equiv a_2$.

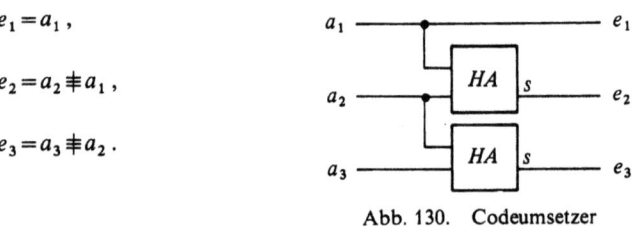

Abb. 130. Codeumsetzer

Vgl. auch die Aufgabe **Abgeleitete Binärcodes**.

4.1.11 Von ‚direkt' nach ‚Exzeß-3'

Die in BAUER-GOOS I, Abb. 30, gegebene Zuordnung lautet:

$$
(a_1 a_2 a_3 a_4) = \begin{cases}
\text{O O O O} & \leftrightarrow \text{O O L L} \\
\text{O O O L} & \leftrightarrow \text{O L O O} \\
\text{O O L O} & \leftrightarrow \text{O L O L} \\
\text{O O L L} & \leftrightarrow \text{O L L O} \\
\text{O L O O} & \leftrightarrow \text{O L L L} \\
\text{O L O L} & \leftrightarrow \text{L O O O} \\
\text{O L L O} & \leftrightarrow \text{L O O L} \\
\text{O L L L} & \leftrightarrow \text{L O L O} \\
\text{L O O O} & \leftrightarrow \text{L O L L} \\
\text{L O O L} & \leftrightarrow \text{L L O O}
\end{cases} = (e_1 e_2 e_3 e_4)
$$

4.1.11 Von ‚direkt' nach ‚Exzeß-3'

Sonach haben wir für e_1 die letzten fünf Min-Terme zusammenzufassen:

$$e_1 = (\neg a_1 \wedge a_2 \wedge \neg a_3 \wedge a_4) \vee (\neg a_1 \wedge a_2 \wedge a_3 \wedge \neg a_4) \vee$$
$$(\neg a_1 \wedge a_2 \wedge a_3 \wedge a_4) \vee (a_1 \wedge \neg a_2 \wedge \neg a_3 \wedge \neg a_4) \vee (a_1 \wedge \neg a_2 \wedge \neg a_3 \wedge a_4).$$

Ähnlich ergeben sich e_2, e_3, e_4 sowie $\neg e_1$, $\neg e_2$, $\neg e_3$, $\neg e_4$ jeweils komplementär.
Unter Verwendung der Dioden ergibt sich die Schaltung in Abb. 131:

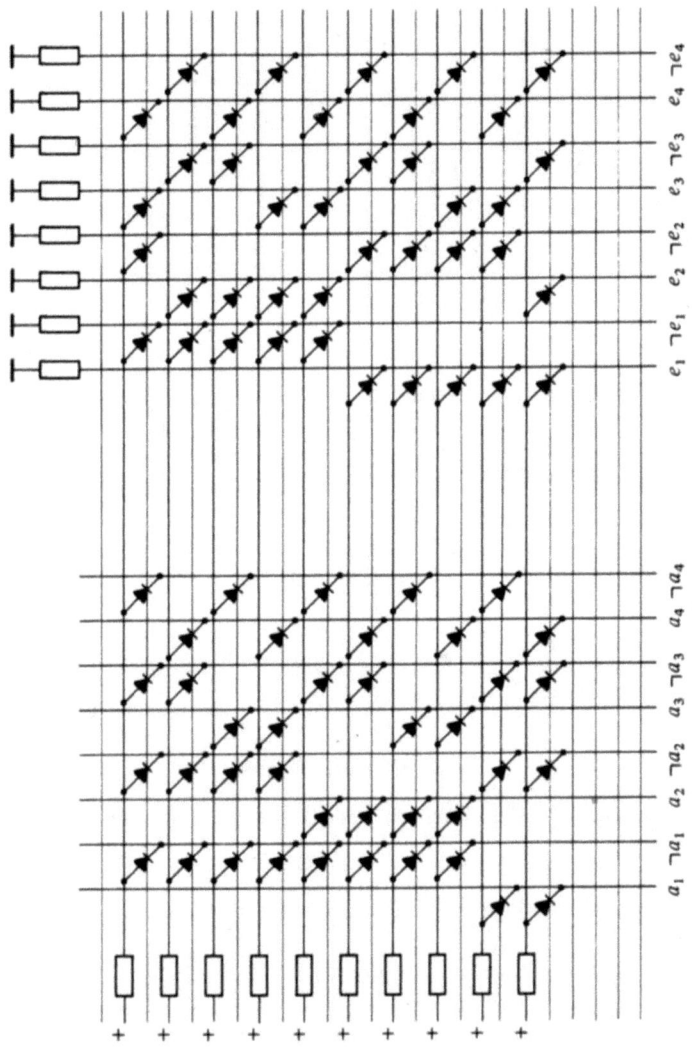

Abb. 131. Zweistufiger Umsetzer mit Dioden

Anmerkung:
Realisiert man die Schaltung auf einer Stecktafel mit Hilfe von Diodensteckern und Widerstandssteckern, so erkennt man unschwer das Muster der Umsetztabelle (Abb. 132).

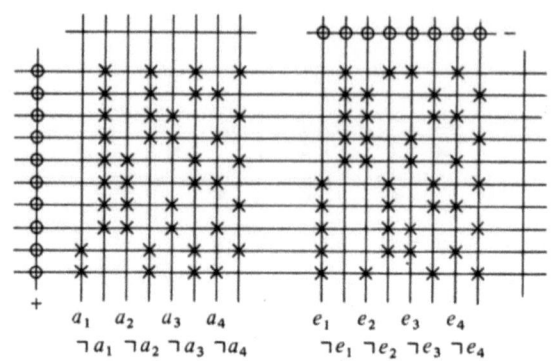

Abb. 132. Stecktafel

Wegen der Symmetrie der Eingangsseite und Ausgangsseite erhält man auch den umgekehrten Codeumsetzer sofort durch Rechts-Links-Vertauschung.

4.1.12 Multiplikation

Bei der klassischen Identifizierung von 0 mit O, 1 mit L ergibt sich

$$(a_1,a_2) \cdot (b_1,b_2) = (O, O, a_2 \wedge b_1, a_2 \wedge b_2) + (O, a_1 \wedge b_1, a_1 \wedge b_2, O) = (c_1, c_2, c_3, c_4).$$

Daraus entsteht unmittelbar die in Abb. 133 gegebene Schaltung,

wobei $s_1 = (a_1 \wedge b_2) \not\equiv (a_2 \wedge b_1)$,
$\ddot{u}_1 = (a_1 \wedge b_2) \wedge (a_2 \wedge b_1) = (a_1 \wedge b_1) \wedge (a_2 \wedge b_2)$,
$s_2 = a_1 \wedge b_1 \not\equiv \ddot{u}_1 = a_1 \wedge b_1 \wedge \neg(a_2 \wedge b_2)$,
$\ddot{u}_2 = a_1 \wedge b_1 \wedge \ddot{u}_1 = (a_1 \wedge b_1) \wedge (a_2 \wedge b_2)$.

4.1.13 Streu-Codierung

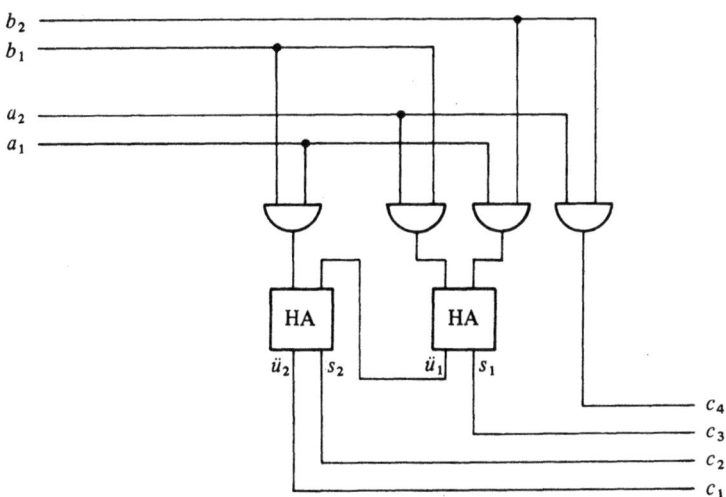

Abb. 133. Eine Multiplikationsschaltung

Es ergibt sich also

$$c_4 = a_2 \wedge b_2,$$
$$c_1 = \ddot{u}_2 = c_4 \wedge (a_1 \wedge b_1),$$
$$c_2 = s_2 = (\neg c_4) \wedge (a_1 \wedge b_1),$$

und es liegt nahe, $c_3 = s_1$ umzuformen zu

$$c_3 = (\neg c_1) \wedge ((a_1 \wedge b_2) \vee (a_2 \wedge b_1)).$$

Anmerkung:
Bei dieser Lösung ergeben sich allerdings recht verschiedene Signaldurchlaufzeiten.

4.1.13 Streu-Codierung

a) Es sei $(b_1 b_2 b_3 \ldots b_{48})$ die Binärdarstellung des 8-Buchstabenwortes. Man bilde

$$c_i = b_i \not\equiv b_{i+12} \not\equiv b_{i+24} \not\equiv b_{i+36} \quad (i = 1, 2, \ldots, 12),$$

wo $\not\equiv$ die Operation der Antivalenz (BAUER-GOOS I, 4.1.1) bedeutet.

b) Alle 8-Buchstaben-Worte, deren i-te, $(i+12)$-te, $(i+24)$-te und $(i+36)$-te Stelle eine gerade bzw. eine ungerade Anzahl von L aufweisen (für $i = 1, 2, \ldots, 12$), werden zusammengeworfen.

c) Die Wahrscheinlichkeit ist gleich dem Auslastungsfaktor $m/4096$, wo m die Anzahl der bereits eingetragenen Worte ist.

Literatur: R. MORRIS, Scatter Storage Techniques, Comm. ACM 11, S. 38–44 (1968).

Schaltwerke

4.2.1 Schaltung des RS-Flipflops

Es gilt
$$\neg(r \vee v_2) = v_1, \quad \text{und}$$
$$\neg(s \vee v_1) = v_2.$$

Dies ergibt durch Eliminieren von v_2

$$v_1 = \neg r \wedge \neg v_2 = \neg r \wedge (s \vee v_1),$$
$$= (\neg r \wedge s) \vee (\neg r \wedge v_1).$$

Für $\neg r \wedge s = \mathsf{L}$ ergibt sich $v_1 = \mathsf{L}$.
Für $\neg r \wedge s = \mathsf{O}$ ergibt sich $v_1 = \neg r \wedge v_1$.

Aus letzterem erhält man:

Für $r = \mathsf{L}$ ergibt sich $v_1 = \mathsf{O}$.
Für $r = \mathsf{O}$ und $s = \mathsf{O}$ ist v_1 beliebig.

Somit

r	s	v_1	v_2
O	L	L	O
L	O	O	L
L	L	O	O
O	O	$\begin{cases}\mathsf{L}\\\mathsf{O}\end{cases}$	$\begin{cases}\mathsf{O}\\\mathsf{L}\end{cases}$

Es ist stets $v_1 = \neg v_2$, außer für die („verbotene") Eingangskombination $r = s = \mathsf{L}$.

Anmerkung:
Baut man die Schaltung mit den Bausteinen, wie sie bei Aufgabe **Bausteine** verwendet wurden, so zeigt sie das entsprechende Verhalten. Wird zunächst $r = \mathsf{L}$, $s = \mathsf{L}$ gesetzt, so erlöschen beide

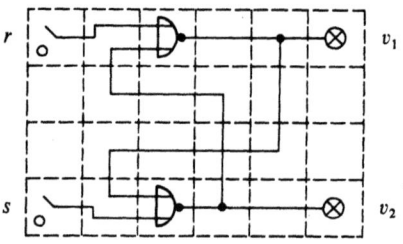

Abb. 134. Flipflopschaltung aus Bausteinen

Anzeigelampen. Wird nun gleichzeitig auf $r=0$, $s=0$ zurückgesetzt, so ist undefiniert, welche Lampe aufleuchtet. Schaltet man jedoch r und s nicht gleichzeitig, dann leuchtet die Lampe bei r_1 bzw. r_2 entsprechend der obigen Tabelle auf. Ein solcher Effekt entsteht bei realen Verknüpfungsgliedern durch unterschiedliche Signaldurchlaufzeiten.

4.2.2 Übergangsdiagramm des RS-Flipflops

Man hat nun

$$v_1 = Dv'_1 \quad \text{mit} \quad v'_1 = \neg(r \vee v_2),$$
$$v_2 = Dv'_2 \quad \text{mit} \quad v'_2 = \neg(s \vee v_1).$$

Wertetafel:

r s	v_1 v_2	v'_1 v'_2
O O	O O O L L O L L	L L O L L O O O
O L	O O O L L O L L	L O O O L O O O
L O	O O O L L O L L	O L O L O O O O

Beachte:
Für $r=0$ ist $v'_1 = v_2$,
für $r=L$ ist $v'_1 = 0$.

Für $s=0$ ist $v'_2 = v_1$,
für $s=L$ ist $v'_2 = 0$.

In Abb. 135 wird dieses Ergebnis übersichtlich zusammengefaßt in Übergangsdiagrammen (vgl. BAUER-GOOS II, Abb. 143).

Die Situation wird übersichtlicher, wenn die selbe Eingangskombination über zwei Verzögerungszeiten betrachtet wird. Dann ergibt sich Abb. 136.

Die Übergänge (5) und (6) gelten auch für (O, L) bzw. (L, O) bei mehr als zwei Verzögerungszeiten, während für (O,O) bei gerader Anzahl von Verzögerungszeiten (4), bei ungerader Anzahl (1) gilt. Bei $r=0$, $s=0$ kann also zwischen den Zuständen (OO) und (LL) ein Schwingen stattfinden. Sobald aber einmal durch $r=0$, $s=L$ oder $r=L$, $s=0$ das Schaltwerk auf einen der Zustände (OL) oder (LO) „gesetzt" ist, zeigt es fortlaufend das erwartete Flipflop-Verhalten.

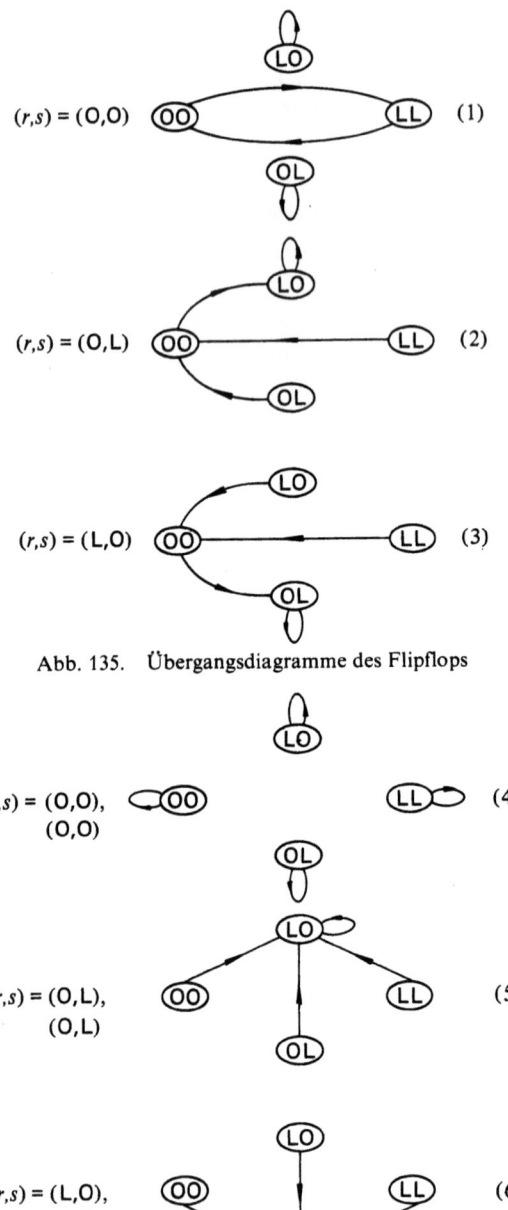

Abb. 135. Übergangsdiagramme des Flipflops

Abb. 136. Übergangsdiagramme für zwei Takte

4.2.3 JK-Flipflop

Es ergibt sich für das JK-Flipflop, wenn r durch $j \wedge v_2$ und s durch $k \wedge v_1$ ersetzt wird,

$$v_1 = D(((j \wedge v_2) \vee \neg v_2) \wedge \neg(k \wedge v_1)), \quad \text{also}$$
$$v_1 = D((j \vee \neg v_2) \wedge (\neg k \vee \neg v_1))$$

und ähnlich

$$v_2 = D((k \vee \neg v_1) \wedge (\neg j \vee \neg v_2)).$$

Man erhält das Schaltbild in Abb. 137.

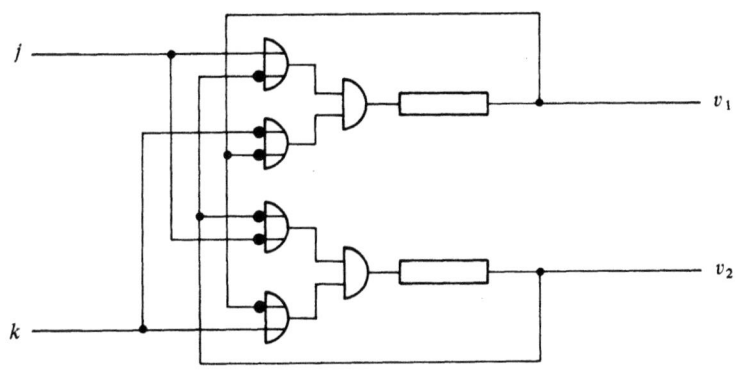

Abb. 137. JK-Flipflop

$v = \neg v_1 = v_2$. $\quad v' = (k \vee v) \wedge (\neg j \vee \neg v) = (k \wedge \neg v) \vee (\neg j \wedge v)$.

Ersetzt man noch $\neg v_2$ durch v_1 und $\neg v_1$ durch v_2, und nimmt man Doppelsignalbetrieb an, so ergibt sich ein Schaltbild (Abb. 138), zweistufig mit Nor-Gliedern:

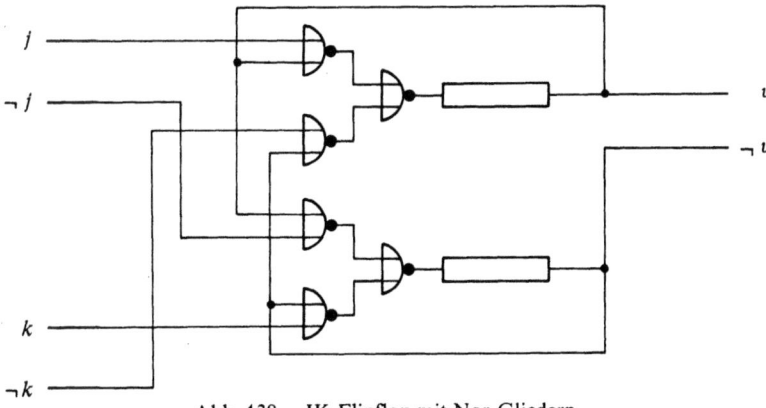

Abb. 138. JK-Flipflop mit Nor-Gliedern

Anmerkung:
Doppelsignalbetrieb zur Erzielung einheitlicher Signaldurchlaufzeiten mit Nand-Gliedern (oder Nor-Gliedern) kann sich auch in Schaltnetzen empfehlen: Man erhält z. B. einen zweistufigen Halbaddierer wie in Abb. 139.

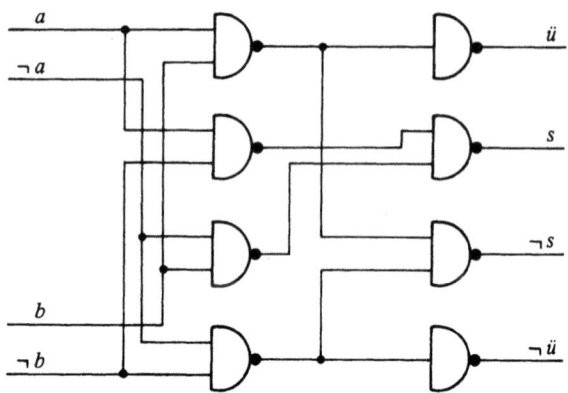

Abb. 139. Halbaddierer mit einheitlicher Signaldurchlaufzeit

4.2.4 Verschiebeschaltwerk

Es ergeben sich die in den Abb. 140 und 141 gezeigten Übergangsdiagramme.

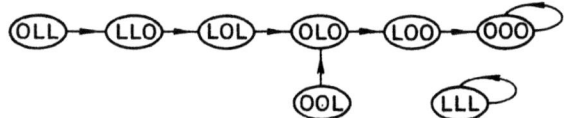

Abb. 140. Übergangsdiagramm für $f(v_1, v_2, v_3) = v_1 \wedge v_2$

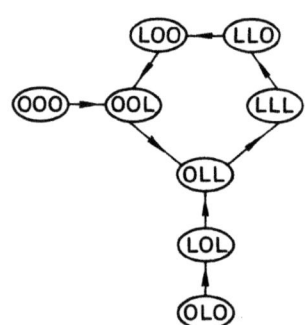

Abb. 141. Übergangsdiagramm für $f(v_1, v_2, v_3) = \neg(v_1 \wedge v_2)$

Abgesehen von den trivialen Kettencodes ↦OOO↤ und ↦LLL↤ ergibt sich der dreistellige Kettencode der Periode 5 ↦OOLLL↤. Ausgehend von dem Kettencode ↦OOOLLLOL↤ (BAUER-GOOS I, 1.4.2) ergibt sich für f die Wertetabelle

4.2.4 Verschiebeschaltwerk

v_1	v_2	v_3	f
O	O	O	L
O	O	L	L
O	L	L	L
L	L	L	O
L	L	O	L
L	O	L	O
O	L	O	O
L	O	O	O

Das Normalform-Theorem liefert

$$f(v_1, v_2, v_3) = \neg v_1 \wedge \neg v_2 \wedge \neg v_3 \vee$$
$$\neg v_1 \wedge \neg v_2 \wedge v_3 \vee$$
$$\neg v_1 \wedge v_2 \wedge v_3 \vee$$
$$v_1 \wedge v_2 \wedge \neg v_3.$$

Verschiedene Vereinfachungen sind möglich, etwa zu

$$(\neg v_1 \wedge \neg v_2) \vee (v_2 \wedge ((\neg v_1 \wedge v_3) \vee (v_1 \wedge \neg v_3)))$$
$$= (\neg v_1 \wedge \neg v_2) \vee (v_2 \wedge (v_1 \not\equiv v_3))$$

oder zu

$$(\neg v_1 \wedge (\neg v_2 \vee v_3)) \vee v_1 \wedge (v_2 \wedge \neg v_3) = v_1 \not\equiv (\neg v_2 \vee v_3).$$

Das vollständige Übergangsdiagramm für dreistellige Kettencodes zeigt Abb. 142.

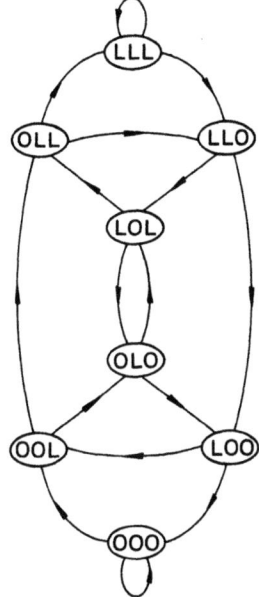

Abb. 142. Vollständiges Übergangsdiagramm für dreistellige Kettencodes

Anmerkung:
Offenbar gibt es dreistellige Kettencodes für jede Periode zwischen 1 und 8.

4.2.5 Möbius-Ringzähler

Es gibt drei Kettencodes von 10 Zeichen und einen von 2 Zeichen:

I ↱OOOOOLLLLL↴   II ↱OOOLOLLLOL↴

III ↱OOLLOLLOOL↴   IV ↱OL↴

Der unter I stehende, der aus der Kombination OOOOO hervorgeht, ist einschrittig.

4.2.6 Kettencodes der Periode 14

a) OLOL und LOLO.

b) Da die zweite Hälfte der Sequenz durch O–L-Ersetzung aus der ersten hervorgeht, genügt es, die Abstände innerhalb der ersten 7 Zeichen zu untersuchen. Es ergibt sich für den

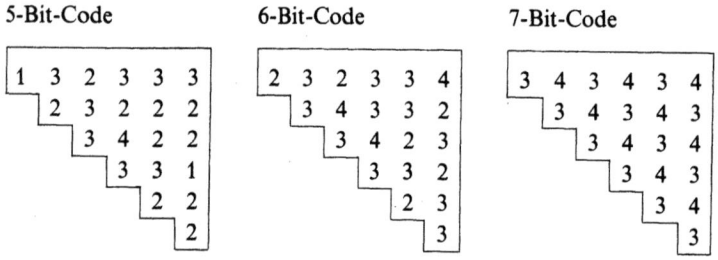

5-Bit-Code   6-Bit-Code   7-Bit-Code

(Man beachte, daß sich diese Schemata nacheinander aufbauen lassen!)
Die Hamming-Abstände sind

   für den 5-Bit-Code $\min(1, 7-4) = 1$,
   für den 6-Bit-Code $\min(2, 7-4) = 2$,
   für den 7-Bit-Code $\min(3, 7-4) = 3$.

c) Für $v_4 = Df(v_1, v_2, v_3, v_4)$ ergibt sich mit $f = v_5$ die Wertetafel

v_1	v_2	v_3	v_4	f
O	O	O	O	L
O	O	O	L	L
O	O	L	O	O
O	O	L	L	O
O	L	O	O	O
O	L	O	L	undefiniert

4.2.6 Kettencodes der Periode 14

```
O L L O    L
O L L L    L
L O O O    O
L O O L    O
L O L O    undefiniert
L O L L    L
L L O O    L
L L O L    L
L L L O    O
L L L L    O
```

Eine besonders einfache Realisierung ergibt sich, wenn man für OLOL O und für LOLO L setzt. Dann hängt f von v_4 nicht mehr ab. Man erhält

$$
\begin{array}{cccc}
v_1 & v_2 & v_3 & f \\
O & O & O & L \\
O & O & L & O \\
O & L & O & O \\
O & L & L & L \\
L & O & O & O \\
L & O & L & L \\
L & L & O & L \\
L & L & L & O \\
\end{array}
$$

also $f = (\neg v_1 \wedge (v_2 \equiv v_3)) \vee (v_1 \wedge \neg(v_2 \equiv v_3))$
$= \neg(v_1 \equiv (v_2 \equiv v_3)) = \neg(v_1 \equiv v_2 \equiv v_3)$.

Für $v_7 = Df(v_1, v_2, v_3, v_4, v_5, v_6, v_7)$ ergibt sich mit $f = v_8$, weil stets $v_8 = \neg v_1$ gilt,

$$f = \neg v_1.$$

Dieses Schaltwerk hat als Periode 14 oder Teiler davon. Neben der vorgegebenen zyklischen Sequenz kommen z. B. noch vor

⌐LLLLLLLOOOOOOO⌐ der Periode 14,

⌐LO⌐ der Periode 2,

⌐LLLLLOLOOOOOLO⌐ der Periode 14

und weitere.

Anmerkung:
Die Lösung zeigt, daß hier, wie auch sonst oft, Aufwand an Verknüpfungsgliedern gegen Aufwand an speichernden Gliedern eingetauscht werden kann, und umgekehrt.

4.2.7 Ein Mikroprogramm

Es ergibt sich die y-malige Addition von x, d.h. das Programmstück, wo y von der Art **ref int**, x und z jeweils von der Art **ref int, ref real** oder **ref compl** sind:

$\quad z := 0;$

(∗) $\quad$ **while** $y > 0$ **do** **if odd** y **then** $y := y - 1, z := z + x$ **fi**;

$\quad\quad\quad y := y$ **div** $2, x := x + x$ $\quad\quad$ **od**

liefert $x \times y$.

Ersetzt man $y := y \,\text{div}\, 2$ durch $y := y \times 2\!\uparrow\!(-1)$ und $x := x + x$ durch $x := x \times 2\!\uparrow\!1$ und deutet dies als Rechtsverschiebung von y bzw. als Linksverschiebung von x, beide Male um eine Dualstelle, so hat man für ganze Zahlen fast den üblichen Multiplikationsalgorithmus im Dualsystem: **odd** y für y in Dualdarstellung, $y = \ldots y_n y_{n-1} \ldots y_0$, bedeutet $y_0 \neq 0$. Mit **AC** für z, **MD** für x, **MR** für y würde das Mikroprogramm aus den folgenden vier Befehlsschritten bestehen:

71: $\quad\quad\quad\quad\quad\quad$ **lösche AC** $\quad\quad\quad\quad\quad\quad$; **goto** 72;
72: **if MR** $= 0$ $\quad\quad$ **then goto** 75 $\quad\quad\quad\quad\quad\quad$ **fi**; **goto** 73;
73: **if MR**$_\text{letzte Stelle}$ = L **then MR** := **MR** $- 1$, **AC** := **AC** + **MD fi**; **goto** 74;
74: $\quad\quad\quad\quad\quad$ **rechtsverschiebe MR, linksverschiebe MD**; **goto** 72;
75: ～～～～ .

Das Programmstück (∗) gilt unverändert, wenn x, z von der Art **ref string** sind und somit + die Konkatenation bedeutet. Es ergibt sich ein Algorithmus für die Erzeugung des y-fach wiederholten x. Gerade deshalb ist die übliche Schreibweise x^y gerechtfertigt.

Anmerkung:
In der Praxis nimmt man an Stelle der Linksverschiebung des **MD** gern eine Rechtsverschiebung des **AC** in den sich leerenden **MR** hinein vor.

Das obige Verfahren ist für ganze Zahlen als „altägyptische Multiplikation" bekannt (vgl. CANTOR, M.: Vorlesungen über Geschichte der Mathematik, Bd. 1, S. 41. Leipzig: Teubner 1880):

Tabelle 1

p_i	$-\mathrm{ld}\,p_i$	$-p_i\cdot\mathrm{ld}\,p_i$	$(p_i)_{16}$	p_i	$-\mathrm{ld}\,p_i$	$-p_i\cdot\mathrm{ld}\,p_i$	$(p_i)_{16}$
0,01	6,6439	0,0664	0,028F6	0,51	0,9714	0,4954	0,828F6
0,02	5,6439	0,1129	0,051EC	0,52	0,9434	0,4906	0,851EC
0,03	5,0589	0,1518	0,07AE1	0,53	0,9159	0,4854	0,87AE1
0,04	4,6439	0,1858	0,0A3D7	0,54	0,8890	0,4800	0,8A3D7
0,05	4,3219	0,2161	0,0CCCD	0,55	0,8625	0,4744	0,8CCCD
0,06	4,0589	0,2435	0,0F5C3	0,56	0,8365	0,4684	0,8F5C3
0,07	3,8365	0,2686	0,11EB8	0,57	0,8110	0,4623	0,91EB8
0,08	3,6438	0,2915	0,147AE	0,58	0,7859	0,4558	0,947AE
0,09	3,4739	0,3127	0,170A4	0,59	0,7612	0,4491	0,970A4
0,10	3,3219	0,3322	0,1999A	0,60	0,7370	0,4422	0,9999A
0,11	3,1844	0,3503	0,1C28F	0,61	0,7131	0,4350	0,9C28F
0,12	3,0589	0,3671	0,1EB85	0,62	0,6897	0,4276	0,9EB85
0,13	2,9434	0,3826	0,2147B	0,63	0,6666	0,4199	0,A147B
0,14	2,8365	0,3971	0,23D71	0,64	0,6439	0,4121	0,A3D71
0,15	2,7370	0,4105	0,26666	0,65	0,6215	0,4040	0,A6666
0,16	2,6439	0,4230	0,28F5C	0,66	0,5995	0,3956	0,A8F5C
0,17	2,5564	0,4346	0,2B852	0,67	0,5778	0,3871	0,AB852
0,18	2,4739	0,4453	0,2E148	0,68	0,5564	0,3783	0,AE148
0,19	2,3959	0,4552	0,30A3D	0,69	0,5353	0,3694	0,B0A3D
0,20	2,3219	0,4639	0,33333	0,70	0,5146	0,3602	0,B3333
0,21	2,2515	0,4728	0,35C29	0,71	0,4941	0,3508	0,B5C29
0,22	2,1844	0,4806	0,3851F	0,72	0,4739	0,3412	0,B851F
0,23	2,1203	0,4877	0,3AE14	0,73	0,4540	0,3314	0,BAE14
0,24	2,0589	0,4941	0,3D70A	0,74	0,4344	0,3215	0,BD70A
0,25	2,0000	0,5000	0,4000	0,75	0,4150	0,3113	0,C0000
0,26	1,9434	0,5053	0,428F6	0,76	0,3959	0,3009	0,C28F6
0,27	1,8890	0,5100	0,451EC	0,77	0,3771	0,2903	0,C51EC
0,28	1,8365	0,5142	0,47AE1	0,78	0,3585	0,2796	0,C7AE1
0,29	1,7859	0,5179	0,4A3D7	0,79	0,3401	0,2687	0,CA3D7
0,30	1,7370	0,5211	0,4CCCD	0,80	0,3219	0,2575	0,CCCCD
0,31	1,6897	0,5238	0,4F5C3	0,81	0,3040	0,2462	0,CF5C3
0,32	1,6439	0,5260	0,51EB8	0,82	0,2863	0,2348	0,D1EB8
0,33	1,5995	0,5278	0,547AE	0,83	0,2688	0,2231	0,D47AE
0,34	1,5564	0,5292	0,570A4	0,84	0,2515	0,2113	0,D70A4
0,35	1,5146	0,5301	0,5999A	0,85	0,2345	0,1992	0,D999A
0,36	1,4739	0,5306	0,5C28F	0,86	0,2176	0,1871	0,DC28F
0,37	1,4344	0,5307	0,5EB85	0,87	0,2009	0,1748	0,DEB85
0,38	1,3959	0,5305	0,6147B	0,88	0,1844	0,1623	0,E147B
0,39	1,3585	0,5298	0,63D71	0,89	0,1681	0,1496	0,E3D71
0,40	1,3219	0,5288	0,66666	0,90	0,1520	0,1368	0,E6666
0,41	1,2863	0,5274	0,68F5C	0,91	0,1361	0,1238	0,E8F5C
0,42	1,2515	0,5256	0,6B852	0,92	0,1203	0,1107	0,EB852
0,43	1,2176	0,5236	0,6E148	0,93	0,1047	0,0974	0,EE148
0,44	1,1844	0,5211	0,70A3D	0,94	0,0893	0,0840	0,F0A3D
0,45	1,1520	0,5184	0,73333	0,95	0,0740	0,0703	0,F3333
0,46	1,1203	0,5153	0,75C29	0,96	0,0589	0,0565	0,F5C29
0,47	1,0893	0,5120	0,7851F	0,97	0,0439	0,0426	0,F851F
0,48	1,0589	0,5083	0,7AE14	0,98	0,0291	0,0286	0,FAE14
0,49	1,0291	0,5043	0,7D70A	0,99	0,0145	0,0144	0,FD70A
0,50	1,0000	0,5000	0,80000	1,00	0,0000	0,0000	1,00000

Tabelle 2: Zweierlogarithmen

	1–99	101–199	201–299	301–399	401–499	501–599	601–699	701–799	801–899	901–999
1	0,0000	6,6582	7,6511	8,2336	8,6475	8,9687	9,2312	9,4533	9,6457	9,8154
3	1,5850	6,6865	7,6653	8,2432	8,6546	8,9744	9,2360	9,4574	9,6493	9,8186
5	2,3219	6,7142	7,6795	8,2527	8,6618	8,9801	9,2408	9,4615	9,6528	9,8218
7	2,8074	6,7415	7,6935	8,2621	8,6689	8,9858	9,2456	9,4656	9,6564	9,8250
9	3,1699	6,7682	7,7074	8,2715	8,6760	8,9915	9,2503	9,4696	9,6600	9,8281
11	3,4594	6,7944	7,7211	8,2808	8,6830	8,9972	9,2550	9,4737	9,6636	9,8313
13	3,7004	6,8202	7,7347	8,2900	8,6900	9,0028	9,2597	9,4778	9,6671	9,8345
15	3,9069	6,8455	7,7482	8,2992	8,6970	9,0084	9,2644	9,4818	9,6707	9,8376
17	4,0875	6,8704	7,7616	8,3083	8,7039	9,0140	9,2691	9,4858	9,6742	9,8408
19	4,2479	6,8948	7,7748	8,3174	8,7108	9,0196	9,2738	9,4898	9,6777	9,8439
21	4,3923	6,9189	7,7879	8,3264	8,7177	9,0251	9,2784	9,4939	9,6812	9,8471
23	4,5236	6,9425	7,8009	8,3354	8,7245	9,0307	9,2831	9,4979	9,6847	9,8502
25	4,6439	6,9658	7,8138	8,3443	8,7313	9,0362	9,2877	9,5018	9,6883	9,8533
27	4,7549	6,9887	7,8265	8,3531	8,7381	9,0417	9,2923	9,5058	9,6917	9,8564
29	4,8580	7,0112	7,8392	8,3619	8,7448	9,0471	9,2969	9,5098	9,6952	9,8595
31	4,9542	7,0334	7,8517	8,3707	8,7515	9,0526	9,3015	9,5137	9,6987	9,8626
33	5,0444	7,0553	7,8642	8,3794	8,7582	9,0580	9,3061	9,5177	9,7022	9,8657
35	5,1293	7,0768	7,8765	8,3880	8,7649	9,0634	9,3106	9,5216	9,7056	9,8688
37	5,2095	7,0980	7,8887	8,3966	8,7715	9,0688	9,3151	9,5255	9,7091	9,8719
39	5,2854	7,1189	7,9009	8,4051	8,7781	9,0741	9,3197	9,5294	9,7125	9,8750
41	5,3576	7,1396	7,9129	8,4136	8,7846	9,0795	9,3242	9,5333	9,7160	9,8781
43	5,4263	7,1599	7,9248	8,4221	8,7912	9,0848	9,3287	9,5372	9,7194	9,8811
45	5,4919	7,1799	7,9366	8,4305	8,7977	9,0901	9,3332	9,5411	9,7228	9,8842
47	5,5546	7,1997	7,9484	8,4388	8,8041	9,0954	9,3376	9,5450	9,7262	9,8872
49	5,6147	7,2192	7,9600	8,4471	8,8106	9,1007	9,3421	9,5488	9,7296	9,8903
51	5,6724	7,2384	7,9715	8,4553	8,8170	9,1059	9,3465	9,5527	9,7330	9,8933
53	5,7279	7,2574	7,9830	8,4635	8,8234	9,1111	9,3509	9,5565	9,7364	9,8963
55	5,7814	7,2761	7,9944	8,4717	8,8297	9,1163	9,3554	9,5603	9,7398	9,8994
57	5,8329	7,2946	8,0056	8,4798	8,8361	9,1215	9,3597	9,5641	9,7432	9,9024
59	5,8826	7,3129	8,0168	8,4878	8,8424	9,1267	9,3641	9,5680	9,7465	9,9054
61	5,9307	7,3309	8,0279	8,4959	8,8486	9,1319	9,3685	9,5718	9,7499	9,9084
63	5,9773	7,3487	8,0389	8,5038	8,8549	9,1370	9,3729	9,5755	9,7532	9,9114
65	6,0224	7,3663	8,0498	8,5118	8,8611	9,1421	9,3772	9,5793	9,7566	9,9144
67	6,0661	7,3837	8,0607	8,5196	8,8673	9,1472	9,3815	9,5831	9,7599	9,9174
69	6,1085	7,4009	8,0715	8,5275	8,8734	9,1523	9,3859	9,5868	9,7632	9,9204
71	6,1497	7,4179	8,0821	8,5353	8,8796	9,1573	9,3902	9,5906	9,7665	9,9233
73	6,1898	7,4346	8,0928	8,5430	8,8857	9,1624	9,3945	9,5943	9,7698	9,9263
75	6,2288	7,4512	8,1033	8,5507	8,8918	9,1674	9,3987	9,5981	9,7731	9,9293
77	6,2668	7,4676	8,1137	8,5584	8,8978	9,1724	9,4030	9,6018	9,7764	9,9322
79	6,3038	7,4838	8,1241	8,5661	8,9039	9,1774	9,4073	9,6055	9,7797	9,9352
81	6,3399	7,4998	8,1344	8,5736	8,9099	9,1824	9,4115	9,6092	9,7830	9,9381
83	6,3750	7,5157	8,1447	8,5812	8,9159	9,1874	9,4157	9,6129	9,7863	9,9410
85	6,4094	7,5314	8,1548	8,5887	8,9218	9,1923	9,4200	9,6165	9,7895	9,9440
87	6,4429	7,5469	8,1649	8,5962	8,9278	9,1972	9,4242	9,6202	9,7928	9,9469
89	6,4757	7,5622	8,1749	8,6036	8,9337	9,2021	9,4284	9,6239	9,7960	9,9498
91	6,5078	7,5774	8,1849	8,6110	8,9396	9,2070	9,4325	9,6275	9,7993	9,9527
93	6,5392	7,5925	8,1948	8,6184	8,9454	9,2119	9,4367	9,6312	9,8025	9,9556
95	6,5699	7,6073	8,2046	8,6257	8,9513	9,2167	9,4409	9,6348	9,8057	9,9586
97	6,5999	7,6221	8,2143	8,6330	8,9571	9,2216	9,4450	9,6384	9,8090	9,9614
99	6,6294	7,6366	8,2240	8,6402	8,9629	9,2264	9,4491	9,6421	9,8122	9,9643

Tabellen 163

Tabelle 3: Zufallszahlen

88293	45401	12350	19040	81561	01155	85253	49479	66144	36486
74400	78899	06127	24365	88646	03944	87215	27085	16372	53548
87891	01263	68595	82315	46193	33306	66011	32972	92802	15708
03275	22982	83272	43570	29817	17323	45466	20498	08228	69682
95126	94417	09943	03316	64978	79651	97371	17634	62956	17714
40601	87085	51394	58140	80641	11547	57397	79825	62665	78796
78981	34943	92315	98737	85007	17558	77808	03537	46872	63504
54784	95754	48786	94402	62005	16589	08267	61878	69562	52089
24596	32468	84259	39563	77353	36180	34350	53331	18863	25424
45777	74383	58012	32923	44106	52121	30948	98812	39109	30748
94305	58672	25440	61911	16594	96747	73515	02587	72237	03004
74423	24195	01270	62733	08841	92999	82907	48049	05309	81854
87243	87076	04321	45628	31593	19783	24674	39222	37639	97573
95279	96674	37550	92395	17821	47986	56822	50499	37384	59050
10669	10427	09299	84045	39184	37102	94060	37288	30669	51740
13983	63696	08604	96115	34877	93673	16767	37258	32137	88081
25520	13548	78676	39472	41957	58478	45877	84216	79001	11734
81754	89975	07744	82864	63632	81103	66748	28539	81244	71407
99249	06587	10989	74629	17264	09220	16293	21958	99275	33075
25692	49122	53820	61407	66479	50095	43462	66380	52481	17731
71062	25537	03787	00508	70346	72869	66697	66426	92430	03241
98835	64436	73086	73216	37983	82543	88681	78385	26327	23654
31631	10493	96276	59088	17480	13347	60948	92191	33074	18170
48222	82827	64181	51377	39636	28938	83204	89441	06125	58756
97700	56405	25858	42033	11729	91962	62762	16535	61465	59891
02050	26216	39216	73287	56887	26522	20127	64522	58368	00710
75973	65876	36777	52742	08272	03969	14125	68998	93575	95479
01373	65250	08317	65902	05034	12660	92903	11015	52893	11155
83866	83199	85406	39590	17954	62519	87775	56581	74495	67094
12597	05140	36748	15697	43206	03194	47216	45552	19465	09413
33387	64696	72102	44081	67644	91011	54737	95279	96971	81654
76084	35282	10085	53580	28924	87971	56631	72301	11510	75086
73769	66032	11119	88801	30169	73856	09346	25188	54381	24477
04307	32351	86338	86420	10259	55707	55707	02482	41349	78143
29933	72064	94327	94859	18890	84470	58420	55774	74052	88976
83787	23267	80357	20523	58215	19706	45552	81944	90820	48073
00437	77777	57832	01058	25654	59456	36924	17398	72197	19795
87816	27435	01573	42907	98043	21332	21732	42079	91177	01928
82756	67233	82534	40832	48525	53269	26225	89933	32494	84807
70426	94290	17064	68483	64842	47695	13623	55646	29305	51719
42711	61143	40516	12203	14367	95095	44703	64297	13381	40965
76510	88343	65246	28697	10606	83368	24310	90199	84181	33045
57261	17829	07486	29959	71893	99581	39680	13235	11465	41203
99713	22576	71336	09523	09491	18354	69516	29568	16788	95639
51808	19367	76265	97323	96197	72764	60674	51051	76627	51398
00180	75937	95135	68397	27720	23011	58415	18328	39360	64450
24387	70467	99776	54982	87625	30810	34591	20667	09254	04537
44516	44771	71969	11540	51710	40042	19607	72235	29191	98230
23436	83139	43205	03055	14175	05963	91920	06619	99717	46565
30311	13461	76003	22380	12694	95205	12666	86677	85569	76320

Errata zu Heidelberger Taschenbücher, Band 147

Sammlung Informatik

HAHN · BAUER

Physikalische und elektrotechnische Grundlagen
für Informatiker

S. 40	1.Z.v.o.	nach "das" ist zu ergänzen: Watt			
S. 66	Fig. B.7.14: die Abbildungen a und b sind vertauscht				
S. 76	14.Z.v.o.	Gl. (2.1)	statt	Gl. (1.2)	
S. 85	Gl. (4.1.2)	$|\text{rot } \vec{H}|$	statt	$\text{rot } \vec{H}$	
S. 86	12.Z.v.o.	$+ I_3$	statt	$- I_3$	
S. 122	Gl. (26)	$\ldots = j\omega L \ldots$	statt	$\ldots = L \ldots$	
S. 164	7.Z.v.u.	üblicherweise	statt	überlicherweise	
S. 166	siehe Rückseite				
S. 167	4.Z.v.o.	$\ldots \cdot \frac{4}{T} \frac{1-(-1)^k}{k\omega} \hat{A}$	statt	$\ldots \cdot \frac{4}{T} \frac{1-(-1)^k}{k}$	
S. 167	8.Z.v.o.	$b_k = 4\hat{A}/k\pi$	statt	$b_k = 8/Tk$	
S. 167	10.Z.v.o.	$\ldots = \frac{4 \hat{A}}{\pi}$	statt	$\ldots = \frac{8 \hat{A}}{T} \ldots$	
S. 198	3.Z.v.o.	$\exp(-\phi \text{ p })$	statt	$\exp(-\phi \text{ k })$	
S. 234	Fig. B.2.6.a	U_{CB}	statt	U_{CE}	
S. 321	Legende zu Fig. A.3.9: I und II sind zu vertauschen				
S. 354	11.Z.v.u.	nachtragen: (1.3)			
S. 354	11.Z.v.u.	$\ldots 2.5 \text{ S}/\ldots$	statt	$\ldots 2.5\text{s}/\ldots$	
S. 373	Fig. C.2.4,	n-MOS: μW	statt	mW	

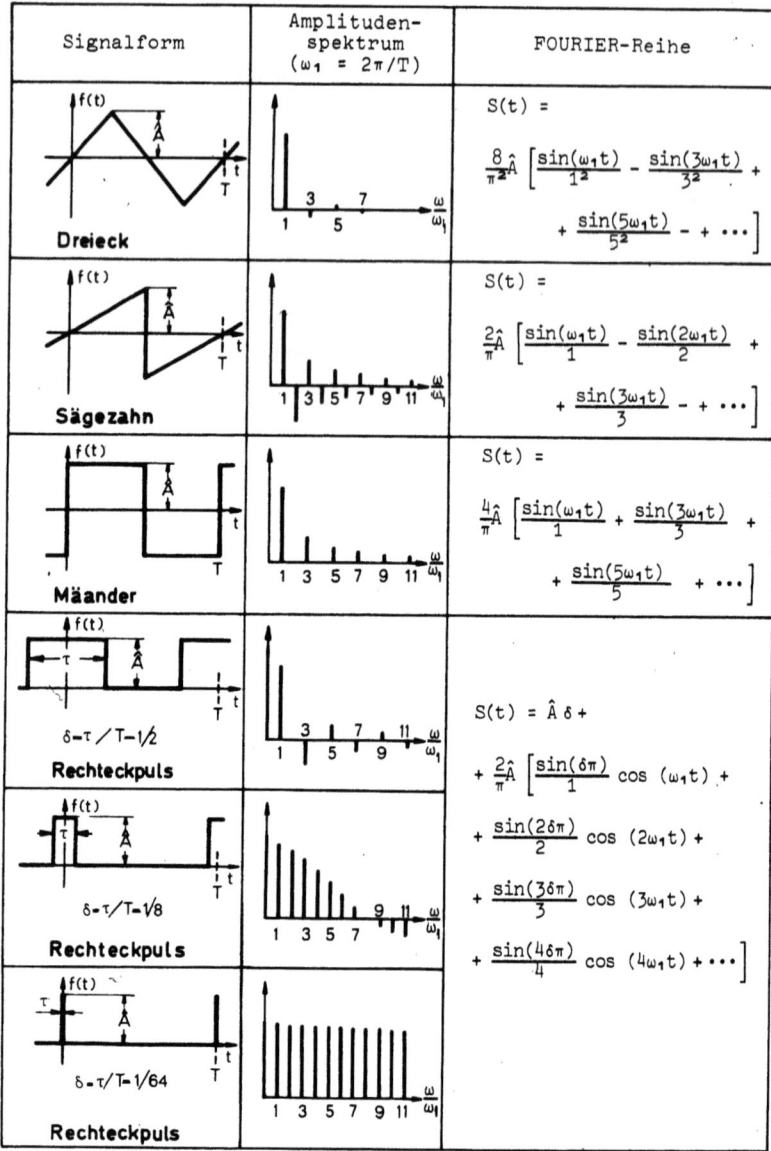

Fig. B.2.3 FOURIER-Reihen und Amplitudenspektren zu einigen Formen periodischer Funktionen

F.L. Bauer, G. Goos **Informatik** Eine einführende Übersicht

Das zweibändige Taschenbuch ist das wichtigste deutschsprachige Lehrbuch seines Gebietes. Es enthält den Stoff der neuen Studienrichtung „Informatik", basierend auf dem für die Bundesrepublik entwickelten Studienplan. Sie sind aus Vorlesungen, die seit 1967 an der Technischen Universität München gehalten wurden, hervorgegangen und zeigen die Zusammenhänge auf, die zwischen einzelnen Spezialvorlesungen über Themen der Informatik bestehen. Darüber hinaus bieten sie die Grundlage für eine Praxis des Programmierens, die sich der Studierende der Informatik im ersten Studienabschnitt aneignen muß.

1. Teil: 2. Auflage. 1973. 111 Abbildungen 232 Seiten (Heidelberger Taschenbücher, 80. Bd.; Sammlung Informatik) DM 14,80; US $6.40 ISBN 3-540-06332-3

Inhaltsübersicht: Information und Nachricht. Begriffliche Grundlagen der Programmierung. Maschinenorientierte algorithmische Sprachen. Schaltnetze und Schaltwerke. Anhang: Zahlsysteme.

2. Teil: 2. Auflage. 1974. 73 Abbildungen 220 Seiten.(Heidelberger Taschenbücher, 91. Bd.; Sammlung Informatik) DM 14,80; US $6.40 ISBN 3-540-06899-6

Inhaltsübersicht: Dynamische Speicherverteilung. Hintergrundspeicher und Verkehr mit der Außenwelt, Grundprogramme. Automaten und formale Sprachen. Syntaktische und semantische Definition algorithmischer Sprachen. Anhang: Datenendgeräte. Zur Geschichte der Informatik.

Preisänderungen vorbehalten

**Springer-Verlag
Berlin
Heidelberg
New York**

**Springer
Heidelberger
Taschenbücher
Mathematik
Informatik**

44	J.H. Wilkinson: Rundungsfehler. DM 16,80	
49	Selecta Mathematica I. Verf. und hrsg. von K. Jacobs DM 12,80	
50	H. Rademacher/O. Toeplitz: Von Zahlen und Figuren DM 12,80	
51	E.B. Dynkin/A.A. Juschkewitz: Sätze und Aufgaben über Markoffsche Prozesse. DM 19,80	
64	F. Rehbock: Darstellende Geometrie. 3. Aufl. DM 16,80	
65	H. Schubert: Kategorien I. DM 16,80	
66	H. Schubert: Kategorien II. DM 14,80	
67	Selecta Mathematica II. Hrsg. von K. Jacobs DM 14,80	
73	G. Pólya/G. Szegö: Aufgaben und Lehrsätze aus der Analysis I. 4. Aufl. DM 16,80	
74	G. Pólya/G. Szegö: Aufgaben und Lehrsätze aus der Analysis II. 4. Aufl. DM 16,80	
80	F.L. Bauer/G. Goos: Informatik I. 2. Aufl. DM 14,80	
85	W. Hahn: Elektronik-Praktikum für Informatiker DM 14,80	
86	Selecta Mathematica III. Hrsg. von K. Jacobs DM 16,80	
87	H. Hermes: Aufzählbarkeit, Entscheidbarkeit, Berechenbarkeit. 2. Aufl. DM 16,80	
91	F.L. Bauer/G. Goos: Informatik II. 2. Aufl. DM 14,80	
93	O. Komarnicki: Programmiermethodik. DM 16,80	
98	K. Jacobs/J. Rosenmüller: Selecta Mathematica IV DM 16,80	
99	P. Deussen: Halbgruppen und Automaten. DM 14,80	
103	K. Diederich/R. Remmert: Funktionentheorie I DM 16,80	
105	J. Stoer: Einführung in die Numerische Mathematik I DM 16,80	
107	W. Klingenberg: Eine Vorlesung über Differentialgeometrie. DM 16,80	
108	F.W. Schäfke/D. Schmidt: Gewöhnliche Differentialgleichungen. DM 16,80	
110	W. Walter: Gewöhnliche Differentialgleichungen DM 16,80	
114	J. Stoer/R. Bulirsch: Einführung in die Numerische Mathematik II. DM 16,80	
127	H. Schecher: Funktioneller Aufbau digitaler Rechenanlagen. DM 19,80	
143	T. Bröcker/K. Jänich: Einführung in die Differentialtopologie. DM 16,80	
147	W. Hahn/F.L. Bauer: Physikalische und elektrotechnische Grundlagen für Informatiker. DM 19,80	
150	E. Oeljeklaus/R. Remmert: Lineare Algebra I DM 19,80	
151	C. Blatter: Analysis I. DM 14,80	
152	C. Blatter: Analysis II. DM 14,80	
153	C. Blatter: Analysis III. DM 14,80	

**Springer-Verlag
Berlin
Heidelberg
New York**

Preisänderungen vorbehalten

MIX
Papier aus verantwortungsvollen Quellen
Paper from responsible sources
FSC® C105338

If you have any concerns about our products,
you can contact us on
ProductSafety@springernature.com

In case Publisher is established outside the EU,
the EU authorized representative is:
**Springer Nature Customer Service Center GmbH
Europaplatz 3, 69115 Heidelberg, Germany**

Printed by Libri Plureos GmbH
in Hamburg, Germany